AF537530

SingLiesel

Annette Röser

Die Sonne im Herzen
Plaudergeschichten für ein ganzes Jahr

Satz und Gestaltung: Röser MEDIA GmbH & Co. KG, Karlsruhe
Druck: FINIDR, s.r.o.

Printed in Czech Republic

ISBN 978-3-944360-66-9

2. Auflage

Die Sonne im Herzen

Plaudergeschichten für ein ganzes Jahr

SingLiesel Verlag

Inhalt

Die Geschichten in diesem Buch erzählen von einer Familie:

Greta ist die Mutter von Lukas und Lisa. Sie ist froh, dass die Großeltern in der Nähe wohnen.

Lukas ist neun Jahre alt und ein Schulkind. Er mag Fußball und Autos. Und den Schaukelstuhl im Wohnzimmer der Großeltern.

Lisa ist fast fünf Jahre alt und geht noch in den Kindergarten. Ihr Lieblingsessen ist „Spaghetti mit Tomatensoße".

Karl ist der Familienvater. Er hat viel Humor. Karl interessiert sich für die Sportschau und Autos – nicht nur seinem Sohn zuliebe.

Die Omi kann wunderbar kochen. Und ihr fällt immer etwas ein, wenn den Enkelkindern mal langweilig ist.

Der Opa unternimmt oft etwas mit seinen Enkeln – wenn die Knie mitmachen. Er kennt sich mit Pilzesammeln aus und radelt gerne.

C + M + B

Die erste Woche im neuen Jahr ist angebrochen! Die Kinder haben Ferien. Manche Geschäfte sind noch geschlossen. Bei der Bäckerei Schmidt hängt ein Schild in der Ladentüre: „Wir sind nach dem Dreikönigstag wieder für Sie da." Deshalb kaufte Greta gestern bei einem anderen Bäcker das Brot.

Mit der Bäckerin hielt Greta ein kleines Schwätzchen, sie war sehr nett. Sie erzählte, dass kurz zuvor ein paar Kinder hereingekommen waren, verkleidet als die Heiligen Drei Könige: Caspar, Melchior und Balthasar. „Der Jüngste war sieben oder acht Jahre alt", berichtete die Bäckerin. „Sein Gesicht war kohlrabenschwarz geschminkt. Er hatte einen Umhang mit einer goldenen Bordüre an und nahm seinen Auftritt ziemlich ernst. Alle drei trugen selbst gebastelte Kronen."

Greta fragte lachend: „Hatten diese Kinder-Könige auch Weihrauch, Myrrhe und Gold dabei?" „Nein", erwiderte die Verkäuferin schmunzelnd, „es war gerade umgekehrt: Die Kinder wollten von mir etwas haben! Sie sangen drei Lieder und sagten ein Gedicht auf, dann hielten sie mir eine Sammelbüchse hin. Da habe ich natürlich ein paar Münzen hineingeworfen. Ein paar Weihnachts-Plätzchen schenkte ich ihnen obendrein. Der Kleine stopfte sich einige davon gleich in den Mund. Und mit einem Mal wurden aus den Heiligen Drei Königen die eiligen drei Könige! Sie malten mit weißer Kreide noch das ‚C + M + B' auf unseren Türstock und rannten schnell ein paar Häuser weiter." Während sie sprach, packte die Bäckerin das duftende Brot, das Greta gekauft hatte, in eine Papiertüte.

„C + M + B heißt ja eigentlich *Christus mansionem benedicat* – Christus segne dieses Haus“, murmelte Greta. Dabei fiel ihr eine lustige Begebenheit von früher ein. Der Laden war immer noch leer, und so verriet sie der Bäckerin die alte Geschichte: „Eine Schulfreundin von mir hieß Beate. Sie wusste nicht, was es mit dem C + M + B auf sich hat. Beate schwärmte für einen Jungen namens Clemens. Und so dachte sie immer, die Kreideschrift am Schulhaus sollte heißen: Clemens mag Beate.“

Jetzt kam ein weiterer Kunde in die Bäckerei, und der wunderte sich, warum Greta und die Bäckerin so kicherten.

Wie lange darf der Christbaum bleiben?

Höchste Zeit, dass der Weihnachtsbaum endlich abgeräumt wird, dachte Greta. Die Nachbarin hatte ihren Baum gleich nach Silvester weggeschafft und machte sich schon lustig über sie. In Gretas Haus stand der Christbaum noch unverändert, obwohl sogar der Dreikönigsfeiertag schon vorbei war.

„Die Kinder wollen ihn so gern noch eine Weile behalten", rechtfertigte Greta sich vor der Nachbarin. Sie hatten in diesem Jahr ein schiefes, aber sehr dichtes Exemplar, eine Tanne. Es war ein wunderschöner Nachmittag gewesen, als Greta mit den Kindern den Baum schmückte. Sie behängten ihn mit den Strohsternen, die Lisa im Kindergarten gebastelt hatte; Lukas hatte sich Zimtsterne gewünscht, hier und da hing ein Lamettafaden. Oben auf der Spitze thronte der uralte Rauschgoldengel von Omi. Der Engel sah von Jahr zu Jahr mitgenommener aus, aber die Familie mochte ihn genau so, wie er war.

Der Weihnachtsschmuck bei Gretes Nachbarin sah ganz anders aus: Sie hatte jedes Jahr einen perfekt geschmückten Baum, bei dem die Farben der Kugeln zu den Kerzen passten. Greta seufzte vor sich hin: „Unserer ist halt so eine Promenaden-Mischung."

Heute Morgen neckte die Nachbarin Greta schon wieder damit: „Wenn du den Baum jetzt nicht bald abräumst, kannst du ihn gleich bis zum nächsten Weihnachtsfest stehen lassen." Insgeheim gab Greta ihr ja Recht, der Baum stand inzwischen allen im Wege. Und längst verlor er die Nadeln.

Sie gab sich also einen Ruck und holte die Schachtel aus dem Keller, in der sie immer den Christbaumschmuck aufbewahrte. Als ihr Mann nach Hause kam, rief sie ihm gleich zu: „Karl, lass uns heute Abend endlich den Christbaum abräumen. Ich kann ihn langsam nicht mehr sehen. Weihnachten ist ja schon lange vorbei!" „Ooch, der sieht doch noch gut aus!", murmelte Karl und machte es sich auf der Couch vor dem Fernseher bequem. Es lief gerade eine Nachrichtensendung. Der Sprecher sagte: „Immer mehr Familien behalten ihre Christbäume bis Mariä Lichtmess am 2. Februar." Karl und Greta sahen sich an: Das war ja erst in zwei Wochen!

Greta setzte sich zu Karl aufs Sofa, sie tranken ein Glas Wein und schauten fern. Ein abgeknickter trockener Zweig vom Christbaum hing schon vor der Mattscheibe, aber das störte sie gar nicht!

Märchenkram

„Märchenfigur mit roter Kopfbedeckung?“ Die Omi löste ein Kreuzworträtsel. Sie saß mit ihren beiden Enkeln am Küchentisch. Lukas machte Hausaufgaben, Lisa malte ein Malbuch aus. Die Kinder liebten diesen Platz mit der Eckbank.

„Märchenfigur mit roter Kopfbedeckung?“, wiederholte Lukas. „Das ist ja babyleicht, Rotkäppchen natürlich.“ Das fanden Lisa und die Omi auch. „Märchen sind sowieso Kinderkram“, setzte Lukas verächtlich hinzu. Das fanden Lisa und die Omi gar nicht.

Aber als Junge, der bald zehn Jahre alt wurde, wollte Lukas sich natürlich nicht für Schneewittchen, Dornröschen und Rumpelstilzchen interessieren. „All diese doofen Prinzessinnen, das ist ja langweilig!“ Lisa malte in ihrem Malbuch gerade die Krone einer Prinzessin gelb an, und Lukas wollte sie ein bisschen ärgern. Oder sich vor seinen Hausaufgaben drücken. Lisa wehrte sich prompt: „Du bist ja selber doof!“, rief sie beleidigt.

„Ich finde, manche Märchen sind einfach kluge Geschichten“, sagte die Omi. „*Des Kaisers neue Kleider* zum Beispiel, das ist eines meiner Lieblingsmärchen. Kennt ihr das?“ Bevor die Kinder antworten konnten, kam der Opa in die Küche. „Ich kann Lukas gut verstehen. Ich brauche auch nicht so viele Prinzessinnen. Vor allem nicht solche auf der Erbse!“ Die Großeltern lachten. Früher, wenn der Opa der Omi mal höflich in den Mantel helfen wollte, hatte sie immer geantwortet: „Ich bin doch keine Prinzessin auf der Erbse!“

„Aber es gibt auch Märchen ganz ohne Prinzessinnen", sagte der Opa. „Wirklich?", fragte Lukas skeptisch. „Ja, *Hans im Glück* zum Beispiel. Wenn du mit den Hausaufgaben fertig bist, lesen wir es zusammen."

Lukas mochte Märchen nicht besonders, aber Hausaufgaben noch weniger. Er beeilte sich, und Opa holte das große alte Märchenbuch. Der Großvater selbst las die erste Seite vor – wie Hans im Glück von seinem Herrn zum Abschied als Lohn einen Goldklumpen bekam. Dann las die Omi vor, wie Hans das Gold gegen eine Kuh eintauschte, die Kuh gegen ein Schwein, das Schwein gegen eine Gans … Jedes Mal war Hans überzeugt von seinem Tausch, obwohl das Eingetauschte immer weniger wert war.

Den Schluss des Märchens las Lukas vor: Hans bekam einen schweren Wetzstein, und der fiel ihm in den Brunnen. Da war Hans ganz erleichtert, dass er den Stein nicht mehr tragen musste. Er fand, dass er nun der glücklichste Mensch unter der Sonne sei. Beneidenswert! Lisa hörte nur zu, denn sie konnte noch nicht lesen. „Eine Prinzessin hätte das sicher klüger angestellt", rief sie.

Prima Klima

„Und jetzt das Wetter", sagte der Nachrichtensprecher. Lukas rannte ins Wohnzimmer. Seine Eltern saßen vor dem Fernseher. „Gibt es morgen endlich Schnee? Bitte, bitte, bitte, die sollen sagen, dass es Schnee gibt!" Der neunjährige Lukas liebte Schnee. Karl, der Vater, hatte ihm versprochen, am Wochenende Ski fahren zu gehen – wenn es noch mal schneien würde.

„Egal, was die im Fernsehen sagen, ich frage lieber noch den Opa." Lukas hatte den Verdacht, dass sein Opa das Wetter genauer vorhersagen konnte als die Wetterfrösche bei ARD und ZDF. Sein Opa zog nämlich keine Landkarten oder Bilder mit Wölkchen zurate, wie es die Leute in den Nachrichten taten. Der Opa klopfte auf sein altes Hygrometer, brummte etwas in seinen Bart und zog die Stirn in Falten: „Heut tut mir meine Narbe weh, dann gibt's ganz sicher morgen Schnee."

Die Großeltern sprachen überhaupt viel vom Wetter. Auf ihrem Balkon hing sogar ein Wetterhäuschen. Zwei kleine Figuren waren darin: Die Frau im Dirndl kam heraus, wenn das Wetter schön wurde; der Mann mit Regenschirm, wenn Regen drohte.

Die Omi kannte viele Sprüche übers Wetter, die nannte sie „Bauernregeln". Heute sagte sie zu Lukas: „Je frostiger der Januar, desto freundlicher das ganze Jahr." Egal, wie das Wetter wurde, die Omi hatte immer einen Spruch dazu. Wie erleichtert war Lukas, als Omi und Opa beide versicherten, dass es am Wochenende bestimmt schneien würde.

Karl, sein Vater, hatte eine eigene Methode, sich über das Wetter zu erkundigen: Er schaute mit seinem Computer im Internet nach. Lukas quetschte sich neben seinen Vater auf den Schreibtischstuhl: Da rieselten für Samstag sogar ein paar Schneeflöckchen über den Bildschirm!

Alle hatten also Schnee vorausgesagt. Und der kam auch. Wie glücklich war Lukas zunächst! Aber es schneite so heftig, dass Vater und Sohn am Freitagmittag nicht losfahren konnten. Die Straßen mussten erst geräumt werden. „Schließlich wollen wir nicht im Schnee stecken bleiben", sagte Karl.

Lukas telefonierte mit der Omi: „Omi, drück die Daumen, dass es bis morgen wieder aufhört zu schneien!" Er klang enttäuscht. „Weißt du was, Lukas", tröstete ihn seine Omi, „das Allerwichtigste ist die Sonne im Herzen. Und morgen hört es bestimmt auf zu schneien, da bin ich mir ganz sicher. Am Samstag könnt ihr los." So kam es auch!

Im Wartezimmer

Greta wurde selbst schon ungeduldig: Seit einer Dreiviertelstunde saß sie mit ihren beiden Kindern beim Zahnarzt im Wartezimmer. Und nichts schien voranzugehen. Lisa beschwerte sich alle paar Minuten, dass ihr so langweilig sei. Und Lukas hatte begonnen, aus einer der Zeitschriften halbe Seiten herauszureißen. Da musste sie ihren Sohn natürlich ermahnen.

Auch die Omi war mitgekommen. Die Ausmalbücher, die sie für Lisa dabeihatte, fand Lisa plötzlich doof. Greta seufzte. Lisa setzte sich dauernd auf ihren Schoß, um dann schnell wieder herunterzurutschen. „Ich kippe mal das Fenster", sagte Greta, „damit wenigstens ein bisschen frische Luft hereinkommt."

Es saßen auch noch andere Patienten in dem Wartezimmer. Ein älterer Herr guckte immer wieder grimmig auf die lauten Kinder. Eine junge Frau versuchte, ihr kleines Baby zum Einschlafen zu bringen. Ein junger Mann saß in einer Ecke und hielt sich die Backe. Eine Mutter tippte auf ihrem Handy herum, ihre Zwillinge blätterten in Micky-Maus-Heftchen.

„Ich will jetzt, dass wir endlich drankommen", nörgelte Lisa. „Ich will überhaupt nicht zum Zahnarzt", brummte Lukas. „Kommt, wir machen Wartezimmergymnastik", sagte die Omi. Greta sah ihre Mutter erstaunt an. „Wie geht denn das?", fragte Lisa. „Ja, man kann auch im Sitzen ein bisschen Gymnastik machen", verriet ihr die Omi, als ob das ein großes Geheimnis sei. Lukas war erst etwas skeptisch, aber bald machte er mit.

„Erst mal einatmen und die Schultern dabei hochziehen, dann ausatmen und fallen lassen.“ Die Omi machte es vor, und Lisa und Lukas machten es nach. „Mit der rechten Hand auf die linke Schulter tippen, mit der linken Hand auf die rechte.“ Lisa vertippte sich erst und musste lachen. Doch die Omi sagte schon die nächsten Übungen an: Die Hände unter unsichtbarem Wasser waschen, ausschütteln. Mit Fäusten in die Luft boxen. Ein Knie anheben, mit dem Fuß kreisen, abstellen, dann die andere Seite. Mit der Fußspitze einen Kreis auf den Boden malen.

Die Zwillinge legten ihre Micky-Maus-Heftchen beiseite. „Dürfen wir auch mitmachen?“, fragte das Mädchen schüchtern. „Ja, klar!“, sagte die Omi. Der ältere Herr guckte inzwischen mehr belustigt als genervt. Und gerade, als er auch mitmachen wollte, kam die Sprechstundenhilfe und sagte: „Der Nächste, bitte.“ Er war an der Reihe! „Schade“, sagte er. „Heute hat es mir im Wartezimmer so gut gefallen!“

Als er im Sprechzimmer verschwunden war, sagte Lisa: „Ätschebätsche, wir dürfen noch ein bisschen in dem schönen Wartezimmer bleiben!“

Der liebe Valentin

„Jetzt hast du ja doch einen Blumenstrauß gekauft!“ – Greta war gerade aufgewacht. Sie blickte durch die geöffnete Schlafzimmertür ins Esszimmer. Ihr Mann, Karl, stellte bunte Tulpen in eine Vase. Gestern hatten sie sich noch ein bisschen lustig darüber gemacht, dass in jedem zweiten Blumenladen ein Schild stand: „Haben Sie schon an den Valentinstag gedacht?“ Oder: „Nicht vergessen: Sonntag ist Valentinstag!“ Und überall gab es Herzchen zu kaufen. Die Bäckerei bot sogar Brezeln in Herzform an.

Greta gähnte. Sie freute sich insgeheim sehr über die fröhlichen Tulpen von ihrem Mann. Und darüber, dass sie heute nicht kochen musste: Mittags würde die Familie zu ihren Eltern gehen. Alle liebten das Essen von Omi.

Bei den Großeltern angekommen, fragte Karl seinen Schwiegervater gleich: „Und, hast du auch an den Valentinstag gedacht?“ Der Opa sah ihn verständnislos an. Die Omi rief lachend: „Ich glaube, dafür sind wir zu alt – und schon viel zu lange verheiratet! Wir haben ja in zwei Jahren Goldene Hochzeit!“ Greta schenkte den Erwachsenen ein Glas Wein ein.

Der Opa sagte: „Weißt du, Karl, ich habe meinem Mädel oft Blumen gepflückt, nicht nur am Valentinstag. Nicht wahr, mein Mädel?“ Dabei sah er die Omi schelmisch an. Alle lachten. „Eins zu null für dich“, sagte Greta und setzte sich freudig an den Tisch. Es gab Rinderrouladen mit Kartoffelbrei, eine von Omis Spezialitäten.

„Vielleicht mögen heutzutage die Leute den Valentinstag so gerne, weil der Name *Valentin* so schön ist“, überlegte sie.

Da fiel Karl ein: „Stellt euch vor, ich hieße mit zweitem Namen Valentin …“ Karl Valentin! Da mussten die Erwachsenen wieder lachen. Nur die Kinder konnten den Witz nicht verstehen. Sie kannten Karl Valentin natürlich nicht. Der Opa erzählte ihnen, dass dies ein berühmter bayerischer Komiker gewesen war. Nach dem Essen holte er ein Buch aus dem Regal und las ein paar Aussprüche von Karl Valentin vor: *„Gar nicht krank ist auch nicht gesund.“* Und: *„Ich freue mich, wenn es regnet, denn wenn ich mich nicht freue, regnet es auch.“* Und: *„Heute ist die gute alte Zeit von morgen.“*

Lukas betrachtete die Fotos und sagte: „Das ist kein Komiker, sondern ein Grimassenschneider!“ Und Lisa rief: „Nächstes Jahr will ich an diesem Karl-Valentinstag auch Blumen bekommen!“

Konfetti, Kostüme, Krapfen

Helau und alaaf! Es war Faschingszeit. Die Omi kam zu Besuch. Sie brachte keinen Kuchen mit, sondern Berliner, dick mit Puderzucker bestreut! Omi sagte dazu „Kräppel“, die Tante aus Bayern nannte das Gebäck „Krapfen“.

„Egal, wie man sie nennt, sie schmecken einfach herrlich!“, rief Greta aus. Das fanden auch ihre Kinder, Lisa und Lukas: Sie kamen an den Kaffeetisch gelaufen und wollten natürlich auch einen Berliner haben. Während Lukas beherzt zugriff, rief er freudig: „Hallo, Omi!“ Dabei prustete und pustete er den ganzen Puderzucker über den Tisch! Alle mussten lachen und bekamen dabei ebenfalls eine ordentliche Portion Puderzucker in die Nase – das gehört zum Kräppelessen dazu!

„Als was wirst du dich verkleiden bei diesem Fasching?“, fragte die Omi ihren Enkel. Lukas dachte nicht lange nach, sondern rannte in sein Spielzimmer. Stolz kam er zurück mit einem großen, spitzen, glänzenden Hut. „Ich bin ein geheimer Zauberer“, flüsterte Lukas würdevoll. „Sehr geheim“, flüsterte die Omi zurück und nickte, „ich sage es niemandem weiter.“

Die kleine Lisa fand, dass ihre Mutter und die Omi sich auch verkleiden müssten. In ihrem Kindergarten waren nämlich alle verkleidet in diesen Tagen: Prinzessinnen, Clowns, Cowboys, Schornsteinfeger – es gab alles, was man sich nur denken konnte. Lisa trug eine Perücke mit abstehenden roten Zöpfen. Greta hatte ihr Sommersprossen ins Gesicht gemalt. Lisa sah aus wie Pippi Langstrumpf!

Und was konnten Greta und die Omi anziehen? Greta überlegte eine Weile, dann schlug sie der Omi vor, einfach Schlafanzughosen anzuziehen.

Der fröhliche Nachmittag verging wie im Flug. Greta, Lukas, Lisa und die Omi machten mit Zauberhut und Schlafanzughosen sogar eine Polonaise durch die Wohnung! Dann meinte die Omi, es sei Zeit für sie, heimzugehen. Sie freute sich darauf, abends noch die Sendung „Mainz bleibt Mainz, wie es singt und lacht" im Fernsehen anzuschauen.

Plötzlich klingelte es an der Tür. Es war der Nachbar. Er wollte ein Paket abgeben, das er für Greta angenommen hatte. Als er Greta und die Omi in Schlafanzughosen sah, erschrak er und entschuldigte sich für die Störung. Er dachte, sie seien schon dabei, schlafen zu gehen! Greta ließ ihn in seinem Glauben und schmunzelte noch den ganzen Abend darüber.

Grüne Soße

Das Telefon klingelte, es war die Omi. „Ich habe Lust, heute auf den Markt zu gehen und Kräuter für Grüne Soße zu kaufen! Kommst du mit, Greta?“ Gute Idee, dachte Greta, denn sie liebte Grüne Soße. Aber leider hatte sie heute keine Zeit für einen gemütlichen Einkauf auf dem Markt. „Ich bin mir sicher, Lisa würde gerne mitkommen“, antwortete Greta, „sie langweilt sich gerade ein bisschen.“

Wenig später spazierten Oma und Enkelin mit einem großen Einkaufskorb auf den Wochenmarkt. „Für Grüne Soße braucht man genau sieben Kräuter“, erzählte die Omi, „nicht sechs und nicht acht, es müssen genau sieben sein.“ Das sind Borretsch, Pimpinelle, Kerbel, Kresse, Petersilie, Sauerampfer und Schnittlauch.

„Früher gab es Grüne Soße erst ab dem Gründonnerstag in der Karwoche. Aber heute sind die Geschäfte der Zeit immer ein bisschen voraus: Erdbeeren gibt es schon im April, Kirschen im Mai und Heidelbeeren im Juni.“ „Ananas gibt es immer“, fiel Lisa ein. „Ja, dabei wachsen die gar nicht hier“, antwortete die Omi. „Verrückte Welt heute.“

Weil auf dem Markt so ein Gedränge war, nahm die Omi ihre Enkelin an die Hand. So konnten sie sich nicht verlieren. Die Omi dachte: „Wie schön fühlt sich das an, eine Kinderhand zu halten!“ Und Lisa dachte: „Wie schön fühlt sich das an – die Omi hat immer warme Hände!“

Bald fanden sie einen Marktstand, der frische Kräuter und Gewürze verkaufte. Lisa atmete tief ein. Das duftete herrlich hier!

An einem anderen Stand kaufte Omi Kartoffeln und bei der Eierfrau frische Eier. Die restlichen Zutaten, Joghurt, Mayonnaise und Schmand, hatte sie zu Hause.

„Grüne Soße mit Kartoffeln und hartgekochten Eiern, das ist mein Lieblingsessen", verriet die Omi ihrer Enkelin. „Auch von Johann Wolfgang von Goethe sagt man, dass es sein Lieblingsessen war", fuhr sie fort. Dann fiel ihr ein: „Aber den kennst du noch gar nicht, oder?" Lisa war ja erst fünf Jahre alt, woher sollte sie den berühmten deutschen Dichter kennen?

„Vielleicht wird es ja auch mein Lieblingsessen", sagte Lisa. „Eigentlich mag ich Spaghetti mit Tomatensoße am liebsten – wenn die Soße schön rot ist." Und als Lisa später in der Küche ihrer Omi half, aus den sieben Kräutern die grüne Soße zu machen, fragte sie: „Omi, kannst du auch blaue Soße machen?"

Viel Glück und viel Segen …

Eine große 7 hatte Lukas aus Karton ausgeschnitten und angemalt. Greta, seine Mutter, machte dasselbe mit einer 8. Im Backofen duftete ein Kuchen. Die kleine Lisa verzierte eine Kerze. Wenig später brach die Familie zu den Großeltern auf. Opas Geburtstag wurde gefeiert.

„Wir müssen achtgeben, dass wir die Zahl richtig auf den Tisch legen – erst die Sieben, dann die Acht“, sagte Greta zu Lukas. „Aber Mama, das kann ich doch längst“, antwortete der Junge. „Opa wird 78 und nicht 87. In der dritten Klasse rechnen wir schon bis 1000 und mehr. Bis 100 ist ja Babykram.“ Ein bisschen wollte er damit seine kleine Schwester ärgern, aber zum Glück merkte sie es gar nicht. Sie hielt ganz stolz die rote Kerze in der Hand, die sie für den Opa mit goldenen Wachsstückchen verziert hatte.

Im Wohnzimmer der Großeltern angekommen, gab es eine fröhliche Begrüßung. Lisa umarmte ihren Opa als Erste, und alle sangen *Happy birthday to you*. „Können wir auch noch was anderes singen?“, fragte die Omi. „Früher haben wir immer *Viel Glück und viel Segen* gesungen, das kennen wir besser!“

Das Lied konnten auch alle singen, und der Opa strahlte. Nur Lukas bemerkte etwas enttäuscht: „Aber darauf reimt sich nicht *Marmelade im Schuh*!“ Deshalb sang er noch einmal lauthals: *„Happy birthday to you, Marmelade im Schuh, Aprikose in der Hose, Happy birthday to you!“* Alle lachten und klatschten.

Der Opa freute sich über die Geschenke. Die Kerze wurde gleich angezündet. Von der großen 7 war der obere Teil abgeknickt, sie sah jetzt aus wie eine 1. „Der Opa wird 18!", witzelte Karl, sein Schwiegersohn. „Dass du heute kommen konntest, freut mich besonders", sagte der Großvater zu Karl. Karl war extra früher von einer Tagung zurückgekommen. „Sonst hätte ich dir ein Telegramm geschickt", schmunzelte Karl.

„Was ist ein Telegramm?", fragte Lisa sofort. Ihr Vater erzählte: „Früher gab es noch keine Handys und keine Computer, mit denen man sich Nachrichten schicken konnte. Ein Telefon hatte auch nicht jeder. Wer ganz eilige wichtige Nachrichten hatte, konnte bei der Post ein Telegramm aufgeben. Dabei musste man jedes Wort einzeln bezahlen. Deshalb waren Telegramme immer ganz kurz. Zum Beispiel: Glückwunsch zum Geburtstag – stopp – Bester Opa der Welt – stopp – Ankommen Sonntag 15 Uhr – stopp – Deine Familie – stopp." Da staunten Lisa und Lukas.

Glückspfennig

„Guckt mal, Omi, Mama! Da glänzt was!", rief Lisa. Sie rannte ein paar Schritte voraus. „Das ist ein Geldstück!" Das Mädchen bückte sich aufgeregt. „Oh, hast du einen Glückspfennig gefunden?", fragte Omi.

Lisa hielt ihrer Mutter Greta und der Omi ganz stolz ein Zwei-Cent-Stück hin. Die drei waren gemeinsam zum Einkaufen in einen Supermarkt gegangen. Jetzt standen sie in der langen Schlange an der Kasse. Lisa war schon ungeduldig geworden. Sie wollte lieber auf den Spielplatz gehen. „Ja, früher hat man *Glückspfennig* gesagt, aber Pfennige gibt es ja gar nicht mehr", sagte Greta. „Ich habe mich immer noch nicht an *Cents* gewöhnen können", seufzte die Omi. „Ich habe sooo lange mit Mark und Pfennig gelebt …"

Greta sah auf ihre Uhr. Die Schlange an der Kasse war noch nicht kleiner geworden. Lisa wurde immer zappeliger. Sie wollte in den Einkaufswagen gesetzt werden. „Aber Lisa, du bist doch schon so schwer, und der Einkaufswagen ist so voll. Zwischen all den Sachen ist kaum Platz für dich!", sagte Greta. Lisa meckerte weiter. Greta wollte nicht nachgeben: „Die Omi kann auch nicht mehr so lange stehen, und sie beklagt sich nicht!"

Die Omi versuchte, Lisa abzulenken. „Neulich habe ich dir ein Märchen vorgelesen, da kam auch Geld drin vor …" „Dukaten! Golddukaten!" Lisa erinnerte sich sofort an *Tischlein, deck dich.* Jetzt versuchte sie, selbstständig in den Einkaufswagen zu klettern. Da hob Greta sie doch lieber hinein.

„Omi, was kann ich mir denn kaufen für die zwei Cent, die ich gefunden habe?“, fragte Lisa. Früher hätte Lisa dafür ein paar Bonbons kaufen können, aber heutzutage findet sich in einem Supermarkt nichts, was zwei Cent kostet.

Jetzt war klar, warum die Schlange an der Kasse nicht kleiner wurde. Jemand hatte mit seiner EC-Karte bezahlen wollen und die Geheimzahl falsch eingetippt. „Deshalb zahle ich immer viel lieber mit Bargeld“, murmelte die Omi. Vom langen Stehen taten ihr wirklich ein bisschen die Beine weh. Bald war der Fehler aber behoben, und es ging endlich weiter. Als Greta ihren Geldbeutel zückte und der Kassiererin einen Schein und ein paar Münzen gab, fing Lisa an zu singen: „Taler, Taler, du musst wandern …“

Was man im Keller alles entdeckt

„Klingelingeling!“ Greta griff nach dem Telefonhörer. Es war ihre Nachbarin Karin. Sie lud Greta für den Nachmittag auf eine Tasse Kaffee ein: „Ich habe Lust auf einen kleinen Schwatz! Außerdem möchte ich mich ablenken“, seufzte Karin, „unsere Katze ist schon seit ein paar Tagen weg.“ „Ich würde gerne kommen“, antwortete Greta, „aber ich muss heute unbedingt den Keller ausmisten, das habe ich schon viel zu lange aufgeschoben!“

Nach dem Mittagessen zog Greta sich einen alten Kittel über, denn im Keller ist es ja immer staubig, und dann machte sie sich ans Werk. Zunächst ordnete sie die Einmachgläser mit Marmelade: Da waren noch zwei, die schon drei Jahre alt waren! Die stellte sie ganz vorne hin. Es war Gelee von schwarzen Johannisbeeren. Gurkengläser und Sauerkrautdosen kamen daneben. Auch andere Vorräte räumte sie übersichtlich ins Regal.

Dann nahm sie sich die Kartons mit den Kinderschuhen vor. Sie fand ein paar alte Gummistiefel, aus dem linken kam eine erschrockene Spinne herausgekrochen. „Tut mir leid, dass ich dich in deiner Ruhe störe“, dachte Greta, „aber das sind nun mal unsere Sachen …“

Nach einer Weile machte ihr das Aufräumen sogar Spaß. Sie freute sich darauf, dass viele Dinge wieder besser und schneller zu finden sein würden. Sie lachte über ein paar alte Skier aus Holz, mit denen ihr Onkel noch gefahren war.

Ja, Skifahrer sahen früher noch aus wie Skifahrer und nicht wie Astronauten – das dachte Greta immer, wenn sie ihre Kinder in den Weihnachtsferien zum Skikurs brachte.

Immer weiter hatte sie den Keller durchkämmt – aber was war das? Aus einem kleinen Regal in der hintersten Ecke kamen leise fiepsende Geräusche, und Greta ging vorsichtig nachsehen. Die Nachbarskatze hatte sich hierher zurückgezogen und fünf Katzenbabys zur Welt gebracht! Wie süß, sie waren noch ganz, ganz klein!

Als Greta jetzt die Treppe hochlief, nahm sie immer zwei Stufen auf einmal. Aufgeregt rief sie ihre Nachbarin Karin an: „Du musst zu uns kommen, aber nicht zum Kaffee, sondern zum Babys-Anschauen: Deine Katze hat ihre Jungen bei uns im Keller bekommen!“

Räuber an Ostern

So früh aufstehen, und das am Sonntagmorgen! Greta gähnte und streckte sich. Eigentlich liebte sie es, am Sonntag ein wenig länger im Bett zu bleiben. Aber heute war Ostersonntag. Greta wollte heimlich und leise die zwei Osternester für die Kinder im Garten verstecken, bevor die Familie aufwachte.

Verschlafen schlüpfte sie in ihre Kleider. Dann holte sie die Sachen aus dem Keller. Bei dem Anblick der bunten Nester freute sie sich selber. Das Nest für Lukas enthielt neben Süßigkeiten und bunten Eiern auch ein Kartenspiel. In das Nest für die kleine Lisa hatte sie zu den Naschereien ein paar Tierfiguren gelegt. Und in beiden Nestern prangte obenauf ein großes Schokoladen-Ei. Es war in eine silberglänzende Folie eingewickelt.

Was für ein Glück, dass es heute nicht regnet, dachte Greta, als sie in den Garten trat. Jetzt kam auch Karl, ihr Mann, nach draußen. „Fröhliche Ostern!", flüsterte er lächelnd. Schnell suchten die Eltern nach einem geeigneten Versteck für die Osternester. Das Nest für Lukas kam hinter einen Busch. Für Lisas Nest fand der Vater sogar eine Astgabel in einem Obstbaum. Greta versteckte zwischen den Tulpenspitzen noch bunt gefärbte Eier.

Es dauerte nicht lange, da wachten auch die Kinder auf. Die neugierige Lisa hätte am liebsten gleich die Nester gesucht, aber erst wurde gefrühstückt. Greta hatte den Tisch besonders schön gedeckt. In der Mitte stand eine große Vase mit Baumkätzchen. „Sind die weich!", rief Lukas.

Mit dem letzten Bissen vom Osterbrot rannten die Kinder in den Garten. Lukas hatte sein Nest ganz schnell gefunden. Lisa sammelte zunächst ein paar der bunten Eier. Dann entdeckte sie ihr Nest im Obstbaum. Sie musste sich auf die Zehenspitzen stellen, um es herunterzuholen. Aber oh weh! Es war ganz zerpflückt! Das große glänzende Schokoladen-Ei war angebissen! Lisa war enttäuscht. Die ganze Familie guckte ratlos auf das verwüstete Nest. Plötzlich fand Lisa eine blaugraue glänzende Feder darin: „Die ist aber schön!“

„Tja, da hat sich wohl eine diebische Elster die Schokolade schmecken lassen!“, sagte der Vater. „Dann werde ich dafür aber die Feder behalten!“, rief Lisa. Und ihren Bruder bat sie: „Kriege ich ein bisschen von deiner Schokolade ab?“

Wie viele Uhren haben wir?

Greta saß beim Friseur und blätterte in einer Frauenzeitschrift. „Denken Sie an die Sommerzeit", stand da in großen Buchstaben auf einer Doppelseite. Damit war nicht gemeint, dass man bald Erdbeermarmelade machen kann oder Sonnencreme kaufen muss. Die Zeitschrift erinnerte daran, dass bald die Uhrzeit auf mitteleuropäische Sommerzeit umgestellt würde: Alle Uhren würden nachts um zwei Uhr auf drei Uhr vorgestellt werden. Ärgerlich, wenn man das vergisst und montags zu spät zur Arbeit kommt …

„Wenn man Familie hat, passiert einem das nicht", sagte die Friseurin zu Greta. Sie machte sich jetzt an Gretas Schopf zu schaffen. „Da muss man doch sowieso an so viel denken! Und überall in den Nachrichten hört man von der Zeitumstellung." „Ja", gab Greta ihr Recht. Sie schwätzte gerne mit ihrer Friseurin und genoss die Entspannung auf dem Friseursessel.

„Aber es gibt in jedem Haushalt viel mehr Uhren, die umgestellt werden müssen, als früher. Die Küchenuhr, die Uhr im Fernseher, die vom Backofen, der Wecker ..." sagte sie. Auch der Friseurin fielen noch Uhren ein: „Die Armbanduhr, die Uhr im Auto, die am Telefon…"

Ich muss unbedingt auch Omi und Opa daran erinnern, dachte Greta bei sich. „Die Uhren mit Zeigern sind ja leicht umzustellen – einfach an den Zeigern drehen. Aber bei vielen Uhren muss man erst die Gebrauchsanleitung hervorholen", sagte sie.

„An meinem Backofen habe ich gar keine Uhr. Und ich wohne gegenüber von einem Kirchturm“, erzählte die Friseurin lachend, „da weiß ich sowieso immer, was die Glocke geschlagen hat!“

Die Frauen schwätzten noch eine Weile nett miteinander. Greta nahm sich vor, auch Karl, ihren Mann, an die Zeitumstellung zu erinnern. Er sollte sich um die Uhr im Fernseher kümmern. Sie würde den Wecker von Lukas, ihrem Sohn, auf die Sommerzeit umstellen. Bei Lukas musste man sowieso immer hinterher sein, dass er nicht zu spät zur Schule kam.

Und wie kam es dann wirklich? Als es am Sonntagnachmittag klingelte, wunderte sich Greta zunächst: Kamen Omi und Opa so früh zum Kaffee? Die Familie war gerade erst mit Mittagessen fertig! – Ach, natürlich, die Zeitumstellung ...

„Wir haben eine Funkuhr“, erklärte der Opa lässig, „die stellt sich von selber um.“ Und die Omi fügte hinzu: „Nur die Kuckucksuhr haben wir nicht umgestellt. Die lassen wir einfach so, damit der Kuckuck nicht durcheinanderkommt!“

Aprilbeginn

Greta stand vom Frühstückstisch auf. Sie ging ihre Tochter Lisa wecken. In einer Stunde würde sie Lisa in den Kindergarten bringen. Heute schien die Kleine zu verschlafen. Ihr Sohn Lukas, der schon in die dritte Klasse ging, mampfte etwas morgenmuffelig sein Müsli. Er war morgens nicht sehr gesprächig.

Sein Vater, Karl, schenkte sich eine Tasse Kaffee ein. „Na, hast du gestern Abend deinen Schulranzen richtig gepackt?“ Der Vater wollte den Sohn ein wenig aus der Reserve locken. Lukas nuschelte nur etwas, das klang wie „na klar“ oder auch „na ja“. Meistens warfen Mama oder Papa noch mal einen Blick in seinen Schulranzen, bevor er sich auf den Weg machte.

„Und hast du auch bemerkt, dass es heute Nacht noch mal geschneit hat?“, setzte der Vater nach. Diese Nachricht ließ Lukas wach werden wie kaltes Wasser im Gesicht. „Wirklich?“, rief er aufgeregt und rannte zum Fenster. Gestern war es schon ganz frühlingswarm gewesen. Aber Lukas liebte Schnee! Als er in die Dämmerung hinausschaute, sagte sein Vater lachend: „April, April!“

Richtig, es war der erste April! Bevor Lukas sich darüber ärgern konnte, dass sein Vater ihn reingelegt hatte, fragte der Vater: „Sollen wir die Mama auch gleich mal reinlegen?“ Da nickte Lukas verschwörerisch. Greta kam gerade wieder in die Küche. Der Vater sagte: „Habe ich dir eigentlich schon gesagt, dass ich heute Abend zwei Kollegen zum Abendessen mitbringe? Den Fritz und den Herrn Huber?“ Greta zuckte zusammen. Diesen ungehobelten Fritz mochte sie nicht sehr gerne. Und sie hatte nicht geplant, heute

Abend für eine halbe Mannschaft zu kochen. Während sie Luft holte, um zu protestieren, rief Lukas laut: „April, April!" Da musste auch Greta lachen. „Oh, ich hatte ganz vergessen, dass heute der erste April ist ... Du hast mir einen Riesenschreck eingejagt! Zur Strafe spendierst du uns allen heute Abend Pizza!", rief sie ihrem Mann zu und zwinkerte dabei mit den Augen.

Als Karl abends von der Arbeit kam, lief Greta ihm gleich entgegen und sagte: „Ich habe schon die Pizza gemacht für heute Abend, aber sie ist ganz verbrannt …" Dabei musste sie so kichern, dass Karl und auch die Kinder sofort merkten, dass das nur ein Aprilscherz sein sollte.

„Ja, die Leute in den April zu schicken ist eine besondere Kunst", sagte Karl scherzhaft, „aber das Pizzabacken auch. Und diese Kunst ist sogar wichtiger!" Er ging in die Küche, angelte sich ein großes Stück Pizza und sah Greta dankbar an. Sie hatte seine Liebling-spizza gemacht – mit Tomaten, Käse und Champignons. Lecker.

Frühlingsboten

Samstagnachmittag: Die Omi klingelte. Sie kam vorbei, um Greta zu einem kleinen Spaziergang abzuholen. Manchmal kamen die Enkelkinder mit, aber Lukas fand Spaziergehen inzwischen eher langweilig. Und Lisa war gerade bei den Nachbarskindern zum Spielen. Der Opa hatte schon wehe Knie und mochte nicht mehr so gerne spazieren gehen. Karl, Gretas Mann, guckte am Samstag lieber Sportschau.

Es war ein milder Aprilnachmittag. Bald würde es Abend werden, auf den Straßen war es schon still. Es fuhren nur wenige Autos. Greta trug ihre Jacke offen – so ein Genuss! Das erste Mal in diesem Jahr! Der Winter war hartnäckig gewesen. Schal, Handschuhe und Mütze hätte Greta am liebsten längst in den Schrank geräumt, aber letzte Woche brauchte man dies alles noch.

Im kleinen Park blühten Tulpen, Primeln und Hyazinthen. Die Wiese war voller Gänseblümchen. „Als Kind hast du dir immer Gänseblümchenkränze gemacht“, erzählte die Omi, „kannst du dich noch daran erinnern?“ „Ja, natürlich“, antwortete Greta. Dann fuhr sie lächelnd fort: „Und heute macht das meine kleine Lisa ...“

Die Temperatur war so angenehm, dass sich die beiden Frauen sogar kurz auf eine Parkbank setzten. Sie schauten in den friedlichen blauen Himmel. Plötzlich deutete die Omi nach oben und rief: „Da! Die ersten Schwalben!“ Dabei nahm sie unwillkürlich Gretas Hand und drückte sie.

„Oh!“, sagte Greta fast ein bisschen andächtig. Jetzt sah sie die Schwalben auch, wie sie hoch oben in ihrem pfeilschnellen Flug den Himmel durchkreuzten. „Da drüben sind auch welche!“

Die ersten Schwalben und der erste Schnee, das sind immer ganz besondere Ereignisse, fand Greta. Sie wusste, dass die Omi jedes Jahr den Tag notierte, an dem sie die ersten Schwalben sah. „Einmal habe ich sogar schon Anfang März welche gesehen“, erinnerte sie sich.

„Das müssen wir Karl und den Kindern erzählen – dass die Schwalben da sind!“, sagte Greta und stand auf. Karl freute sich auch über die Schwalben und den schönen Abend. Gerade war die Sportschau zu Ende. „Aber ihr wisst ja, beim Fußball gibt es das ganze Jahr Schwalben, nicht nur im Frühling“, sagte er augenzwinkernd.

Es ist ein Junge!

„Bis bald!“ Sehr gerührt legte Greta den Telefonhörer auf. Ihre beste Freundin hatte gestern ein Kind bekommen! Alles war gut gegangen bei der Geburt. Mutter und Kind waren wohlauf. Das Baby wog acht Pfund, war 59 cm lang und trug einen blauen Strampelanzug: ein Junge! Marius – was für ein schöner Name, fand Greta.

„Stell dir vor, er hat schon ganz viele Haare auf dem Kopf, ein richtiger dunkler Strubbelkopf!“ Die Stimme ihrer Freundin klang aufgeregt und erschöpft und glücklich. Greta erinnerte sich sofort an die Geburten ihrer Kinder, Lukas und Lisa.

Eigentlich komisch, dass man sich nicht an seine eigene Geburt erinnern kann ... „Aber an meine Geburt erinnert sich ja meine Mutter, die Omi. Und das ist gut so“, dachte Greta. Morgen sollte ihre Freundin schon aus dem Krankenhaus nach Hause kommen. Sie lebte in einer anderen Stadt. Greta hatte ihr versprochen, sie gleich zu besuchen.

Die ganze Familie hatte Freude daran, die Reise mit zu planen. Gretas kleine Tochter Lisa überlegte, was Greta dem Baby mitbringen könnte. Karl, ihr Mann, versprach, ihr eine Bahnverbindung herauszusuchen. Die Großeltern sagten: „Du musst deiner Freundin ganz viele Grüße ausrichten. Wir kennen sie ja noch aus eurer Schulzeit!“ Sogar der neunjährige Lukas ließ sich vom Babyfieber anstecken: „Mama, du musst Fotos machen. Wir wollen alle das Baby sehen.“

Nach ihrer Ankunft bei der Freundin rief Greta zu Hause an. Karl und die Kinder waren noch beim Abendessen: „Ich habe gerade das Baby auf dem Arm gehabt, das ist sooo süß! Man vergisst so schnell, *wie* klein neugeborene Babys wirklich sind!“ Greta war ganz begeistert. Tatsächlich konnte man den kleinen Marius im nächsten Moment durchs Telefon schreien hören. „Das ist aber noch nicht wirklich laut“, sagte Lukas etwas enttäuscht. „Keine Sorge, das wird noch“, grinste Karl.

Greta kam am folgenden Tag wieder zurück und erzählte ausführlich von dem Baby. Wie sie es auf dem Arm getragen hatte. Und dass die Strickschühchen, die sie mit Lisa ausgesucht hatte, dem Baby noch ein bisschen zu groß waren. Und dass es schon scharfe Fingernägel hatte. Und dass der kleine Marius sie beim Wickeln angepieselt hatte. Und dass er seinem Papa ähnlich sah. Und dass er so süß schmatzen konnte. Ihre kleine Lisa hatte ihr besonders aufmerksam zugehört. Sie fragte: „Können wir für unsere Familie nicht auch noch so ein paar süße Babys haben?“

Haushalt

Auch das noch! Greta seufzte. Das ist einfach nicht mein Tag, dachte sie. Heute Morgen war ihr die Milch übergelaufen. Dabei hatte sie die ganze Zeit über auf den Topf geguckt! Nur ein winziger Augenblick, als die Kinder zu streiten anfingen, da hatte sie mal auf den Küchentisch geschaut, und schwupps ...! Das geht immer so schnell bei Milch! Hinterher muss man viel putzen, und es riecht noch einen halben Tag nach angebrannter Milch. Und den Lappen muss man hundertmal auswaschen! Wenn sonst die aufgewischte Milch im Lappen nach ein paar Tagen sauer wird ... Greta ärgerte sich über sich selbst.

Wegen der übergelaufenen Milch war sie mit ihrer Tochter Lisa zu spät in den Kindergarten gekommen. Jetzt nahm sie gerade die Wäsche aus der Waschmaschine: Was war denn das? Sie musste wohl ein Papiertaschentuch mitgewaschen haben. Auf den dunklen Sachen waren überall feine weiße Flusen zu sehen.

Eigentlich sah sie immer alle Hosen- und Jackentaschen durch, bevor sie Schmutzwäsche in die Waschmaschine hineingab. Heute musste sie irgendetwas übersehen haben.

Greta fluchte. Sie schüttelte die Wäsche erst mal kräftig aus, bevor sie die Sachen auf den Wäscheständer hängte. Weiße Klümpchen des mitgewaschenen Papiertaschentuchs lösten sich aus den Wäscheteilen und lagen jetzt überall auf dem Teppichboden im Schlafzimmer verstreut. Der Großteil der feinen weißen Flusen schien nach wie vor an Baumwollsachen angeklebt. Mit der Wäsche würde sie noch viel Arbeit haben ...

An der Haustür klingelte es. Wer störte Greta jetzt in ihrem Hausfrauen-Elend? Es war die Omi, die ihr anbieten wollte, Lisa vom Kindergarten abzuholen. „Das wäre heute wirklich toll", rief Greta, „ich habe nämlich eine Haushalts-Pechsträhne!" Und sie erzählte der Omi entnervt von der übergelaufenen Milch und dem mitgewaschenen Papiertaschentuch.

Die Omi lachte. „Ja, wo gibt's denn so was?", sagte sie. „Kann man Haushaltsfehler etwa auch vererben? Papiertaschentücher mitwaschen, das war auch meine Spezialität!" „Wirklich?", fragte Greta. „Ja – aber erst, als ich endlich eine eigene Waschmaschine hatte." Die Omi dachte an früher, und es fiel ihr noch ein Trost für Greta ein:

„Weißt du, was der Opa immer zu mir gesagt hat, wenn ich mich über so einen Mist im Haushalt aufregte? *Ja, wer wird denn gleich in die Luft gehen* ... Recht hatte er." Jetzt lachte auch Greta. Ein „HB-Männchen" wollte sie nicht sein!

Muttertag

Greta war sehr gerührt: Vor ihr stand ihre kleine Lisa und versuchte, ein Gedicht aufzusagen: „Meine liebe Mutter du, ich will dir Blumen schenken …“ Es klang recht heruntergeleiert. Greta merkte, dass Lisa sich genierte. Schließlich saßen heute nicht nur Papa und der Bruder mit am Frühstückstisch, sondern auch Omi und Opa. „… was sie dir sagen will dazu, das kannst du dir schon denken“, rief Lukas laut dazwischen. Er kannte das Gedicht. Vor vier Jahren hatte er es auch auswendig gelernt. Inzwischen fand er Gedichte-Aufsagen kindisch.

Die zweite Strophe ließ Lisa lieber aus. Von der dritten nuschelte sie die ersten zwei Zeilen. „Denn Muttertage, das ist wahr, die sind an allen Tagen …“ Greta blickte ihr Töchterchen trotzdem ganz begeistert an.

Die letzten beiden Zeilen flüsterte Lisa ihrer Mama ins Ohr: „Ich hab dich lieb das ganze Jahr, das möcht ich dir nur sagen.“ Dann überreichte sie ihrer Mama ein Bild, das sie im Kindergarten gemalt hatte.

„So fröhliche Blumen sind da drauf, danke!“, freute sich Greta. Lisa hatte sich auf ihren Schoß gesetzt. „Weißt du, was, Lisa? Hilf mir dabei, dass ich das Gedicht auch aufsagen kann – für die Omi, weil die ja meine Mama ist.“ So sagten Greta und Lisa das Muttertagsgedicht noch einmal zusammen auf. Und weil sie es zusammen noch mehr herunterleierten als Lisa vorhin alleine, klopfte Lukas mit einem Spielzeugschwert den Takt dazu auf den Boden.

Alle mussten sehr lachen, und die Omi sagte: „So einen lustigen Muttertagschor habe ich schon lange nicht mehr gehabt!" „Ich bin mir gar nicht sicher, ob wir dir früher immer zum Muttertag gratuliert haben. Meine Brüder habe ich jedenfalls manchmal daran erinnert", wusste Greta noch.

„Ja", fiel der Omi ein, „die beiden haben dann bei den Nachbarn Flieder für mich geklaut! Darüber habe ich mich jedes Mal riesig gefreut, obwohl ich mich bei den Nachbarn einige Tage später entschuldigen musste für meine Rabauken!" Dann fügte sie hinzu: „Aber eigentlich freue ich mich heute noch über den Flieder von damals."

Zum Mittagessen sollten an diesem Tag weder Greta noch die Omi kochen müssen. Karl lud die ganze Familie in ein schönes Gasthaus ein. Die Erwachsenen lobten besonders die Spargelsuppe, allen schmeckten die Schnitzel, und die Kinder verputzten Pommes Frites. Als Nachtisch gab es Eis. An den Fenstern des Lokals hingen Blumenkästen mit frisch gepflanzten Stiefmütterchen. „Haben die heute auch Muttertag?", fragte Lisa.

Der gute alte Wilhelm Busch

„*Ach, was muss man oft von bösen Kindern hören oder lesen …*“, sagte die Omi lachend, als Greta ihr die Tür öffnete. „Wovon sprichst du?“ Greta sah ihre Mutter erstaunt an. Eigentlich waren die beiden Frauen zum Einkaufen verabredet. Greta hatte schon den Autoschlüssel in der Hand. „Ich habe vorhin in einer Kiste auf dem Schrank alte Kinderbücher gefunden“, erzählte die Omi, „und da war *Max und Moritz* dabei!“ Sie strahlte vor Freude über ihren Fund. „Das hast du als Kind so gerne gemocht! Der Opa musste es dir so oft vorlesen, bis du alles auswendig konntest!“

„Ja, natürlich! Jetzt erinnere ich mich. Hast du das Buch dabei?“ Greta war von der Begeisterung angesteckt. „Dann trinken wir erst mal einen Kaffee!“ Sie legte Autoschlüssel und Einkaufszettel beiseite, und bald duftete es nach frischem Kaffee. Die Omi hatte das alte Buch aus ihrer Tasche geholt. Es war schon ganz zerfleddert und abgegriffen und einige Seiten waren lose.

Als Greta die zwei lustigen Köpfe von Max und Moritz erblickte, freute sie sich wie über ein Treffen mit alten Freunden. Der Großvater hatte ihr früher mit seiner tiefen Stimme die Streiche vorgelesen, und Greta hatte dabei die Bilder betrachtet: Wie die beiden Bösewichte die Witwe Bolte ärgern, wie sie ihr die gebratenen Hühner durch den Kamin wegangeln, wie sie voller Tücke in die Brücke eine Lücke sägen und damit den Meister Böck baden gehen lassen, sodass ihn seine Frau bügeln muss.

„*Also lautet ein Beschluss, dass der Mensch was lernen muss!*“ Mit Genuss las Greta ihrer Mutter jetzt die Geschichte vom Lehrer Lämpel vor. Die beiden amüsierten sich so köstlich über die Reime und die altmodischen Geschichten, dass sie auch noch den Streich vom Onkel Fritz und den Maikäfern lasen. „Ja, Maikäfer …“, seufzte Gretas Mutter. „Früher gab es so viele! Dann wurde beklagt, dass sie fast ausgerottet sind. Und in diesem Frühjahr stand in der Zeitung, dass es wieder eine Maikäferplage gibt.“

„Ich mag am liebsten die Maikäfer aus Schokolade!“ Greta lachte. „Aber jetzt müssen wir wirklich los zum Einkaufen. Ich muss ja bald Lisa vom Kindergarten abholen! Und heute Nachmittag werde ich den Kindern aus *Max und Moritz* vorlesen!“

Auswendig lernen

Inzwischen waren schon viele Schwalben da. Und die Kastanienbäume trugen stolz ihre Kerzen. „Der Frühling ist die schönste Zeit“, stellte Greta fest und öffnete das Fenster. Die Omi war gerade zu Besuch und ergänzte: „*... was kann wohl schöner sein? Da grünt und blüht es weit und breit im gold’nen Sonnenschein.*“

„Hast du das gedichtet? Das hört sich gut an!“ „Nein“, lachte die Omi, „das ist ein ganz bekanntes Gedicht.“ Greta fragte, von wem das Gedicht sei, von Goethe? Da war sich die Omi nicht mehr sicher. „Ich kann noch viele Gedichte auswendig“, sagte sie stolz, „aber von wem sie sind, da müsst ihr den Opa fragen. Der weiß es immer am besten.“

Jetzt kam Lukas aus der Schule. Er zog seine Turnschuhe aus und warf seinen Schulranzen in die Ecke. „Heute müssen wir als Hausaufgabe etwas auswendig lernen“, bruddelte er vor sich hin. Hausaufgaben fand Lukas gar nicht toll, und Auswendiglernen am allerwenigsten.

„Erst mal Hände waschen und mittagessen. Es gibt Bratwürstchen mit Kartoffelbrei“, versuchte Greta ihn zu besänftigen. Das ließ Lukas sich nicht zweimal sagen. Bratwürstchen mochte er so gerne, dass er das Händewaschen wegließ. Aber das bemerkte keiner. Ratzeputz vertilgte er acht Bratwürstchen! Seine kleine Schwester Lisa knabberte an einem einzigen Würstchen herum. Dafür mochte sie den Kartoffelbrei umso mehr.

„Was sollt ihr denn auswendig lernen?“, fragte Greta ihren Sohn. „Ach, irgend so ein doofes Gedicht.“ Lukas ließ sich nicht gerne an die Hausaufgaben erinnern. Ob er die erste Zeile kenne, fragte ihn die Omi. Greta rief: „Die Omi kann es bestimmt auswendig, wollen wir wetten?“ „Ich weiß nicht so genau, irgendwas mit ’nem blauen Band oder so.“ Lukas war einfach nicht zu begeistern. Das ist ja wirklich verständlich bei Buben in seinem Alter!

Die Omi fragte schmunzelnd: „Ist es vielleicht *Frühling lässt sein blaues Band wieder flattern durch die Lüfte*?“ Jetzt blickte Lukas erstaunt auf. Genau dieses Gedicht war es!

Wenig später kam der Opa vorbei, um die Omi abzuholen. Er wusste, dass das Gedicht mit dem blauen Band von Eduard Mörike war. „Der hat im 19. Jahrhundert gelebt. Und das andere Gedicht, das mit dem *gold’nen Sonnenschein*, ist von Annette von Droste-Hülshoff“, sagte er. „Das ist aber ein komischer Name“, rief die kleine Lisa, „der reimt sich gar nicht!“

Käfer und Enten auf deutschen Straßen

„Pass gut auf den Kuchen auf, damit er dir nicht runterfällt", sagte Greta zu ihrem Sohn Lukas. Lukas sollte den Kuchen zu den Großeltern bringen. Sie wohnten nur zwei Straßen weiter, es war kein langer Weg. Aber Lukas war nicht so sorgfältig mit solchen Aufträgen. Wenn er unterwegs etwas Interessantes sah, zum Beispiel einen Tannenzapfen, dann war es ihm wichtiger, den wegzukicken, als auf den Kuchen aufzupassen ... „Diese Zeitschrift kannst du dem Opa mitbringen", sagte Karl, sein Vater. „Da wird der Opa bestimmt gerne reinschauen." Lukas sah auf das Titelblatt und las: „Auto Motor und Sport". Das machte ihn neugierig. Er hatte sich von klein auf für Autos interessiert und kannte alle Marken.

Mit Kuchen und Zeitschrift bepackt, marschierte Lukas los. Aber was war das? Ein gut gepflegter Oldtimer mit weißen Reifen fuhr gemütlich an ihm vorbei! So etwas hatte er ja noch nie gesehen! Das Auto sah ja fast aus wie eine Kutsche! Lukas staunte. Da wäre ihm der Kuchen wirklich fast runtergefallen.

„Richtig, heute ist großes Oldtimertreffen hier in der Nähe!", wusste Opa. Er hatte es am Tag zuvor in der Zeitung gelesen. Opa freute sich über die Auto-Zeitschrift. Darin wurde der neue Audi vorgestellt. „Audi hieß früher Horch", erzählte er. Sie blätterten in dem Heft. „Ich finde, heute sehen alle Autos fast gleich aus", sagte der Opa ein bisschen wehmütig. Vor vierzig Jahren, da gab es den winzigen Fiat 500, den VW Käfer, den Opel Admiral, die Ente von Peugeot oder die Zigarre von Citroen." Der Opa geriet ins Schwärmen. „Und jeder Autotyp hatte eine ganz eigene Form!"

„Enten und Käfer?“, fragte Lukas erstaunt. „Ja, so nannte man die!“ „Welches davon hattest du mal?“, fragte Lukas. „Ich fuhr mal einen Käfer“, antwortete der Opa „ein tolles, stabiles Auto. Ganz selten sieht man heute noch einen alten Käfer auf den Straßen.“ Mit einem Griff holte der Opa ein altes Schwarz-Weiß-Foto aus der Schublade. Lukas staunte: So ein junger Mann war sein Opa mal gewesen. Ganz stolz stand er neben dem rundlichen kleinen Auto. „Aber im Winter sind immer die Scheiben vereist. Das ist heute besser“, meinte Opa.

„Und wie schnell fuhr dieser Käfer?“, fragte Lukas. Er hatte mittlerweile drei Stücke von dem Kuchen gegessen. „Na ja, bei hundert, hundertzwanzig hat die Kiste ganz schön gewackelt“, erinnerte sich der Opa. „Aber, Lukas“, jetzt lachte er, „schnell ist zwar gut – aber es ist im Leben nicht immer das Wichtigste!“

Vom Sensen und vom Singen

„Karl, warte einen Moment, die Omi hat angerufen.“ Karl hatte gerade den Autoschlüssel genommen. Er wollte in die Waschanlage fahren. Früher hatte er das Auto samstags manchmal noch selbst geputzt. Neuerdings hatte die Tankstelle um die Ecke eine Waschanlage. Das fand Karl sehr praktisch. „Der Opa hat so wehe Knie“, berichtete Greta. „Deshalb kann er den Rasen im Schrebergarten nicht mähen, sagt die Omi. Das Gras ist schon so hoch. Kannst du das heute übernehmen?“ „Gut, dann verschiebe ich das Autowaschen.“

Die Kinder wollten gerne mitkommen in den Schrebergarten. „Aber beim Rasenmähen dürft ihr mir nicht in die Quere kommen! Man muss immer sehr aufpassen, dass man nicht über das Kabel fährt!“ Greta grinste: „Für das bisschen Rasen im Schrebergarten hat der Opa bestimmt keinen Rasenmäher mit Kabel oder Benzin.“ „Aber es gibt dort hoffentlich nicht bloß eine Sense“, gab Karl lachend zur Antwort. „Das Sensen will nämlich gelernt sein.“

Die Kinder setzten sich vergnügt zu Karl ins Auto, und die Omi kam auch mit. Sie erzählte, dass im Schuppen tatsächlich eine Sense stand. „Ich konnte früher gut damit umgehen. Meine Tante hat nämlich auf einem Hof an einem Berghang gelebt. Dort konnte man die Wiesen nur mit der Sense mähen. Ich habe oft geholfen. Das waren schöne Zeiten! Wir waren mehrere junge Leute, und wenn wir alle im gleichen Rhythmus die Sense geschwungen haben, dann haben wir oft dabei gesungen.“

Die kleine Lisa begann auch sofort zu singen – ein Lied, das sie im Kindergarten gelernt hatte: *„Im Märzen der Bauer die Rösslein einspannt.“* Lisa saß in ihrem Kindersitz auf der Rückbank, sang ein bisschen falsch, aber sehr gut gelaunt. Lukas verdrehte die Augen: „Es ist doch gar nicht März, sondern Juni.“

Da sang Lisa zu einer Melodie, die ähnlich klang wie „Im Märzen der Bauer“: „Das ist mir egal ganz egal, ganz egal.“ Lukas versuchte, auf dieselbe Melodie zu singen: „Dann sei doch jetzt still, sei mal endlich still, still.“ Alle lachten. Karl sang: „Ein Loch ist im Eimer, Karl-Otto, Karl-Otto ...“ Die Omi sagte: „Hier ist ja die reinste Oper im Auto!“ Lisa fragte, was eine Oper sei. „Ein Theaterstück, bei dem alle singen“, erklärte Karl.

Gut, dass der Rasen heute gemäht wurde! Denn am Abend begann es in Strömen zu regnen. So wurde das Auto von selbst gewaschen. Und Greta sang: *„I'm singing in the rain ...“*

Über den grünen Klee

„Das ist aber etwas ganz Besonderes!", sagte Greta zu ihrer kleinen Tochter Lisa. Lisa hatte auf der Wiese neben dem Spielplatz Blümchen gepflückt. Jetzt kam sie mit einem vierblättrigen Kleeblatt zu ihr auf die Bank. Lisa konnte erst kaum glauben, dass ein vierblättriges Kleeblatt so selten ist. Sie hüpfte zurück auf die Wiese und untersuchte alle Kleeblätter, die es da gab. Und das waren viele! Aber es war kein einziges mit vier Blättern mehr dabei. „Ein vierblättriges Kleeblatt bringt Glück!", sagte Greta schmunzelnd. „Wir werden auf dem Heimweg bei den Großeltern vorbeigehen und es ihnen zeigen." Die Großeltern wohnten ganz in der Nähe. Lisa war sehr stolz auf ihren Fund. Ganz vorsichtig trug sie das zarte Stängelchen die Straße entlang. Sie ging wie auf Zehenspitzen, denn sie wollte das Glück nicht verlieren!

Die Großeltern staunten, als ihre Enkelin ihnen den Fund präsentierte. Die Omi erzählte, dass sie nur einmal in ihrem Leben ein vierblättriges Kleeblatt gefunden hatte. Der Opa sagte: „Ich kann mich gar nicht erinnern – ich glaube, ich habe nie eines gefunden." Alle schauten auf das kleine Wunder. „Aber ich habe trotzdem oft Glück gehabt im Leben", lachte der Großvater, „auch ohne Hufeisen über der Tür, ohne Glückskäfer und ohne Glückspfennige."

„Jeder kann mal ein Glückspilz sein und was Tolles finden! Man muss nur mit offenen Augen durch die Welt gehen", sagte die Omi. Sie schlug ihrer Enkelin vor, das Kleeblatt einige Tage zwischen den Seiten eines dicken Buches zu pressen. „So kannst du es aufheben. In einer Vase wird es nicht lange halten." Lisa hatte das Kleeblatt in ein Schnapsglas mit Wasser gestellt.

Der Opa suchte besonders dicke Bücher heraus: mehrere Bände vom *Brockhaus*. „Darin habe ich früher alles nachgeschlagen, was ich wissen wollte", sagte er zu seiner Enkelin. „Ihr guckt ja heute alles im Internet nach", brummte er hinterdrein. „Das ist ja sehr nützlich, das Internet, aber zum Blumenpressen taugt es nicht!", sagte die Omi fröhlich.

Da lachte der Opa auch und hatte gleich noch eine Idee: „Ich werde heute mal wieder Lotto spielen! Und das mach ich nicht im Internet und nicht online, oder wie das heute heißt, sondern bei dem Frollein! Bei dem Fräulein am Kiosk, da gebe ich meinen Schein ab." Die fünfjährige Lisa kannte das Wort „Fräulein" nicht. Sie fragte: „Ist so ein Fräulein auch ein Glücksbringer?" Alle lachten.

Von Pfingstferien und Pfingstochsen

Was soll alles in den Koffer? Greta wollte mit dem Packen beginnen. Die ganze Familie freute sich auf die Pfingstferien bei Tante Hilda auf dem Land. Wanderstiefel und dicke Socken, Regenjacken, aber auch ein Sonnenhütchen für die kleine Lisa … Plötzlich hörte Greta, dass Lisa noch einmal aus ihrem Bettchen aufgestanden war. „Kannst du noch nicht schlafen?", fragte Greta ihr Töchterchen. „Wann fahren wir zu Tante Hilda?", fragte Lisa.

„Morgen", antwortete Greta, „also nur noch einmal schlafen." „Ich möchte aber auch Pfingstferien haben!", sagte Lisa ein bisschen quengelig. Greta lachte. Lisa hatte sich inzwischen auf ihren Schoß gesetzt. Sie war fünf Jahre alt und ging noch gar nicht in die Schule! Lisa kämpfte gegen ihr eigene Müdigkeit an und fragte: „Mama, was ist Pfingsten?" Diese Frage war gar nicht so leicht zu beantworten, fand Greta. Schon gar nicht jetzt, wo Greta doch über Wandersocken und Wechselwäsche nachdachte.

„Möchtest du nicht wieder ins kuschelige warme Bett gehen? Dein Teddy wartet schon auf dich!" Aber Lisa blieb hartnäckig. Sie riss ihre Augen besonders weit auf und fragte: „Warum sagt Tante Hilda immer ‚Fingsten?'" Damit brachte Lisa ihre Mutter abermals zum Schmunzeln. „Tante Hilda kommt aus Norddeutschland, sie spricht einen anderen Dialekt als wir und sagt tatsächlich immer ‚Fingsten'."

„Tante Hilda sagte auch ‚Ferde' statt ‚Pferde'." Greta umarmte ihre kleine Tochter. „Eigentlich feiern wir an Pfingsten genau das", sagte sie langsam. „Nämlich dass die Tante Hilda und wir uns so gut verstehen, obwohl wir unterschiedlich sprechen."

„Ach so.“ Lisa gähnte. Diese Erklärung schien ihr zu genügen. Sie legte den Kopf auf Mamas Schulter. Greta wiegte das Kind ein bisschen hin und her und strich ihr über ihre Locken. Sie flüsterte: „Ich bringe dich wieder ins Bett, jetzt wirst du bestimmt schlafen. Sonst kannst du morgen früh nicht aufstehen – und dann bist du der Pfingstochse …“ Aber das hörte Lisa schon nicht mehr. Sie war eingeschlafen. Vorsichtig trug Greta sie in ihr Bett und deckte sie gut zu.

„Pfingstochse“ wurde scherzhaft derjenige aus der Familie genannt, der am Pfingstsonntag am längsten schlief. Aber das werde ich Lisa erst morgen früh erzählen, dachte Greta. Auch die Koffer würde sie erst morgen früh zu Ende packen. Greta war nämlich selbst ganz müde geworden. Sie wollte auf keinen Fall morgen verschlafen und der Pfingstochse sein!

Sitzen, turnen und tanzen

In der Wohnung der Großeltern hatten die Enkelkinder beide ihre Lieblingsplätze. Lukas mochte am liebsten den Schaukelstuhl. Seine kleine Schwester Lisa liebte die Eckbank in der Küche. Da fühlte sie sich so wohl, dass sie sich manchmal in die Sitzkissen kuschelte und einschlief. Lukas dagegen schaukelte auf dem Schaukelstuhl immer wieder bedenklich heftig – die Omi war dann besorgt um den Gummibaum. Der stand hinter dem Schaukelstuhl. Er erzitterte in dem Luftzug, den Lukas mit seinem heftigen Hin- und Herschwingen verursachte.

Früher saß der Opa gern in dem Schaukelstuhl. Jetzt sagte er oft: „Ach, ich komme da mit meinen alten Knien so schlecht raus", und setzte sich lieber auf einen normalen Stuhl.

Heute waren die beiden Kinder zu Besuch bei den Großeltern, und Lukas fragte seinen Opa mitfühlend: „Opa, tun dir die Knie weh?" Der Opa sagte: „Na ja, die sind halt eingerostet." Die Omi rief zum Essen. Sie hatte Kartoffelpuffer mit Apfelmus gemacht. Alle saßen am Küchentisch. Lukas aß sieben Kartoffelpuffer und Lisa zwei.

Lisa war kaum mit dem Essen fertig, da beschloss sie, Gymnastik zu machen. „Aber Lisa, nicht gleich nach dem Essen! Du musst doch erst verdauen!" Die kleine Lisa kümmerte sich nicht um solche Besorgnisse. Sie war sehr gelenkig und setzte sich im Schneidersitz auf den Küchenboden. Dann legte sie sich hin und schwang die Beine in eine Kerze. Zum Schluss machte sie einen Purzelbaum. „Opa, hast du das früher auch gekonnt?", fragte sie.

Ja, die Kinder können sich noch gar nicht vorstellen, dass ihnen einmal die Knie wehtun könnten. Und die Großeltern können sich nicht mehr vorstellen, dass man nach dem Essen sofort herumturnen kann. „Wenn ihr so fit und frisch seid", sagte die Omi zu den Kindern, „dann könnt ihr ja den Tisch abräumen helfen." Lukas gähnte sofort. Lisa legte sich der Länge nach auf die Eckbank: „Puh, jetzt habe ich ganz schön viel geturnt!" Da sagte der Opa besonders laut: „Wir helfen dir alle! Die Kartoffelpuffer haben sehr gut geschmeckt!" „Ja!!!", rief Lukas, und alle drei halfen gemeinsam.

Die Omi freute sich, dass es ihnen geschmeckt hatte. „Noch schöner als Sport und Turnen ist ein kleines Tänzchen, besonders vor dem Geschirrspülen!", sagte sie gut gelaunt. Und da gerade ein Walzer im Radio lief, schwenkte der Opa sie mit ein paar Tanzschritten durch die Küche. „Das ist gut für die rostigen Knie!"

Radtour

Lukas versank in dem riesigen weichen Sessel. Draußen schüttete es, obwohl Sommer war! Eigentlich wollte er mit seinem Opa eine kleine Radtour machen. Bei dem Wetter war das unmöglich. Stattdessen hatte Greta, seine Mutter, ihn zu den Großeltern gebracht. „Nicht so viel fernsehen“, hatte sie ihren Sohn noch ermahnt. Dann hatte sie sich verabschiedet.

Jetzt lümmelte Lukas in dem großen Polstersessel und langweilte sich. Was sollte aus diesem Tag nur werden? Der Opa las erst mal Zeitung, und Lukas blätterte lustlos in einem Buch. Immerhin gab es zum Mittagessen Pfannkuchen, die liebte er. Die Omi konnte die Pfannkuchen zum Wenden aus der Pfanne hochwerfen! Dann wurde auch die andere Seite schön braun. Sicher würden die Großeltern nach dem Essen einen Mittagsschlaf machen. Da sollte Lukas dann besonders still sein. Das fiel ihm richtig schwer.

Doch zu seiner Überraschung schlug der Opa nach dem Mittagessen etwas anderes vor: „Wenn wir schon keine Radtour machen können, dann gucken wir anderen tollen Radfahrern zu!“ Und der Opa schaltete den Fernseher ein.

Vor wenigen Tagen hatte die *Tour de France* begonnen, das berühmteste Radrennen der Welt. Täglich konnte man im Fernsehen miterleben, welche schwierigen Strecken die Rennfahrer meistern mussten. Man konnte die schönen Landschaften sehen, durch die sie fuhren, und verfolgen, wer der Tagessieger wurde. Der Opa geriet ins Schwärmen. Schnell war Lukas angesteckt und fieberte mit um das Gelbe Trikot.

„Die *Tour de France* dauert viele Tage“, erklärte der Opa. „Die Rennfahrer fahren insgesamt mehrere Tausend Kilometer! Und jeden Abend bekommt der Schnellste das Gelbe Trikot.“ „Wer ist dein Lieblings-Radfahrer?“, fragte Lukas. „Dieses Jahr habe ich noch keinen, die Tour hat gerade erst angefangen.“

Der Opa lächelte. „Aber der beste Radrennfahrer aller Zeiten war für mich Eddy Merckx. Der hat fünf Mal die Tour de France gewonnen!“ „Jetzt hat es aufgehört zu regen!“, meldete die Omi nach einer Weile. „Da könntet ihr doch die Fahrräder schon mal putzen für die nächste Radl-Tour – statt Fernsehen zu schauen!“ Aber Lukas und der Opa hörten sie gar nicht.

Oh, in den Zoo!

„Morgen gehen wir in den Zoo." Greta deckte ihre kleine Tochter Lisa noch einmal gut zu. Sie hatte Lisa wie jeden Abend eine Gute-Nacht-Geschichte vorgelesen. Und allen Stofftieren in Lisas Bett hatten sie schon gemeinsam „Gute Nacht" gesagt. Meistens sprachen Greta und ihr Töchterchen zum Abschluss noch ein paar Minuten über den Tag oder darüber, was sie morgen vorhatten.

„Werden wir auch die Affen sehen?", fragte Lisa. „Natürlich", antwortete Greta, „auf die freue ich mich schon." „Und die Giraffen?" „Ja, auch die Giraffen werden wir sehen. Das Giraffenkind ist bestimmt schon viel größer geworden seit unserem letzten Besuch." „Mama, müssen sich die Elefanten eigentlich die Zähne putzen?" Greta schlug vor: „Wenn wir einen Zoowärter sehen, werden wir ihn genau das fragen."

Lisa freute sich auf den Besuch im Zoo. Sie liebte die Tiere. Die Pinguine am meisten. Oder doch die Ponys im Streichelzoo? Vielleicht würde sie vom Zoobesuch träumen. Kurz vor dem Einschlafen fiel ihr noch etwas Wichtiges ein: „Kommen Omi und Opa auch mit in den Zoo?"

Greta versprach ihrer Tochter, noch heute bei den Großeltern anzurufen. „Wenn der Opa nicht zum Arzt muss, kommen die beiden bestimmt gerne mit. Schlaf schön!" Greta machte das Licht im Kinderzimmer aus und suchte gleich das Telefon.

Seit die Telefonhörer kein Kabel mehr hatten, suchte man sie ständig. Greta dachte: Diese alten Apparate von früher mit der Wählscheibe, die immer am selben Ort in der Diele standen, die hatten auch ihre Vorteile … Jetzt fand sie ihr Telefon im Wohnzimmer auf der Couch. Sie rief bei ihren Eltern an.

Die freuten sich über die Idee:. „Gerne kommen wir mit in den Zoo!" Der Omi fiel ein: „Weißt du noch, vor zwei Jahren waren wir mal mit im Zoo, da war Lisa noch ganz klein. Vorher hatten wir ihr begeistert erzählt, dass wir da lauter Tiere sehen würden. All die schönen Tiere! Lisa war ganz gespannt. Im Zoo machten wir eine große Runde. Die Flamingos, die Löwen, die Pinguine, die Elefanten, die Giraffen, die Affen – alles haben wir gesehen. Nach zwei Stunden waren wir ganz erschöpft, und Lisa fragte: ‚Wann kommen endlich die Tiere?'" Greta erinnerte sich und musste lachen. Plötzlich stand Lisa im Schlafanzug vor ihr und fragte verschlafen: „Was hast du mit der Omi geredet?"

Die Turnschuhe

„Das hast du toll gemacht!“ Der Opa pfiff durch die Zähne, als Lukas ihm seine neue Medaille zeigte. Die hatte Lukas letzte Woche beim Sportfest als zweitschnellster Läufer seiner Klasse gewonnen. Er war mächtig stolz darauf. Die Kinder waren an diesem Nachmittag bei den Großeltern. Das war mittwochs immer so, denn da waren Greta und Karl, ihre Eltern, beide beschäftigt.

„Was hast du denn für Hausaufgaben, Lukas?“, fragte die Omi. „Ich muss dem Opa erst noch meine Sportschuhe zeigen“, lenkte Lukas ab. „Ui, die sind ja grellgrün, die blenden mich ja!“, rief der Opa erstaunt aus. „Sind sie neu?“, wollte die Omi wissen. „Unsere Turnschuhe früher sahen ganz anders aus“, murmelte der Opa. Lisa, die kleine Schwester von Lukas, wollte es genau wissen: „Wie sahen deine Turnschuhe früher aus, Opa?“ „Na ja, einfach wie Turnschuhe“, antwortete der Opa.

„Kann man in neuen Schuhen denn gleich einen Wettlauf rennen? Wir haben unsere Schuhe früher immer erst eingelaufen“, erzählte die Omi.

Lisa nahm den linken Schuh an ihren rechten Fuß und wollte ihn anprobieren. Das mochte Lukas aber gar nicht: „Das sind meine Schuhe, gib her. Du weißt ja noch nicht mal, welcher Schuh an welchen Fuß gehört!“ Bevor Lisa sich über ihren Bruder ärgern konnte, erinnerte die Omi Lukas noch mal an seine Hausaufgaben. Und sie bat Lisa, ihr in der Küche beim Kirschen-Entsteinen zu helfen.

Nach einer Weile kamen die Omi und Lisa ins Wohnzimmer zurück. Lisa hatte sich zwei Kirschenpaare über die Ohren gehängt. Die Omi stellte auf dem Wohnzimmertisch einen Teller mit Kirschen ab und daneben ein Schüsselchen für die Kerne. Sapperlot, Lukas hatte immer noch nicht mit den Hausaufgaben angefangen!

Lukas und Opa saßen über die Zeitung gebeugt, und der Opa las seinem Enkel aus dem Sportteil vor. „Opa, ich kann dir alle Tore auch im Internet zeigen", prahlte Lukas, „das geht sogar auf Papas Handy!"

„Wie wär's, wenn du dem Opa vorlesen würdest statt er dir?" Eigentlich sollte Lukas nämlich Lesen üben. Und so las Lukas seinem Opa den Sportteil vor. Nach jedem Absatz nahm er eine Kirsche und versuchte, den Kirschkern in das Schüsselchen zu spucken. Lesen üben geht auch mit dem Sportteil, dachte die Omi lächelnd, nicht nur mit dem Schulbuch. Und am besten mit Kirschen dazwischen.

Kurzweilige Autofahrt

„Papa, darf ich vorne sitzen?" Der neunjährige Lukas schaute seinen Vater, Karl, verschwörerisch an. Karl hatte mit den beiden Kindern, Lukas und Lisa, ein Familienfest besucht. Nach einem feierlichen Mittagessen, dem üblichen Verdauungsspaziergang und Kaffee und Kuchen machten sie sich jetzt wieder auf den Heimweg. Eine gute Stunde Fahrt auf der Autobahn lag vor ihnen. Lukas bettelte: „Da vorne sieht man einfach viel besser. Ich kann genau auf deinen Tacho schauen!"

Karl zögerte. Greta, seine Frau, wäre bestimmt dagegen. Sie war sehr vorsichtig und machte sich schnell Sorgen. Heute war sie nicht mitgekommen, weil sie seit gestern starken Schnupfen hatte. „Also gut", sagte Karl, „aber nur ausnahmsweise."

So schnell konnte man gar nicht schauen, da saß Lukas schon auf dem Beifahrersitz. Karl schob ihm noch seine Sitzerhöhung unter den Popo, dann passte auch der Sicherheitsgurt. Sie waren noch nicht auf der Autobahn, da krähte die kleine Lisa von hinten: „Papa, wann sind wir endlich da?"

Autobahnfahrten mit den Kindern konnten sehr anstrengend sein … Glücklicherweise schlief Lisa heute bald ein. Lukas wollte alles über die Schalter und Knöpfe und die Anzeigen auf dem Armaturenbrett wissen. Karl erklärte ihm geduldig die Tankanzeige, den Blinker, Fernlicht, Warnblinker, Scheibenwischer, den Tacho …

Von hinten überholte sie ein roter Porsche, den fand Lukas natürlich beeindruckend. „Woher kommt der?", fragte er. Der Wagen hatte ein Kennzeichen mit „M". „Der kommt aus München", erklärte Karl. „Und F ist Frankfurt?", fragte Lukas. Karl nickte. „Und ein B haben die aus Berlin?" „Richtig!" „Jetzt fährt einer vor uns aus Hildesheim!", rief Lukas. Das Auto, ein Volvo, hatte ein Kennzeichen mit HH.

„Das könnte man meinen", sagte Karl, „aber HH steht für Hamburg: Hansestadt Hamburg." Bevor Lukas sich darüber wundern konnte, war Lisa aufgewacht und sagte verschlafen: „Aber ha-ha ist doch, wenn was lustig ist!" Jetzt musste Karl lachen. Es gibt nichts Schöneres, als mit Kindern Auto zu fahren, dachte er.

Als die drei glücklich zu Hause ankamen, lief Greta ihnen entgegen. Karl fürchtete schon, sie würde verärgert sein; schließlich sah sie genau, dass Lukas vorne ausstieg und nicht hinten. Greta holte Luft und Luft und Luft … und musste fürchterlich niesen. „Haatschi! Ich freue mich so, dass ihr gut angekommen seid!"

Sonnencreme und Melonen

„Viel trinken!“ Greta sagte es ihren Kindern immer wieder. Bei der Sommerhitze war das ganz wichtig. Lukas und Lisa waren wie alle Kinder manchmal so in ihr Spiel vertieft, dass sie das Trinken ganz vergaßen. Greta hatte extra einen großen Wasserkrug auf den Tisch gestellt und zwei Becher dazu. Lisa nahm immer den sonnengelben Becher, Lukas den blauen.

Heute Nachmittag wollte Greta mit den Kindern auf einen schattigen Spielplatz gehen. Der beste Sonnenschutz ist immer noch ein Schattenplatz, sagte sich Greta, besser als Sonnencreme. Die Kinder mochten es nämlich gar nicht, sich mit Sonnencreme einschmieren zu müssen. Immer trieben sie irgendeinen Schabernack damit. Einmal hatte Lisa alle ihre Puppen eingecremt, sodass die Flasche am Ende fast leer war. Greta mochte das klebrige Zeug eigentlich auch nicht.

Sie fuhren mit den Fahrrädern zu einem Spielplatz, der sehr schön am Waldrand gelegen war. Greta setzte sich gemütlich auf eine Bank vor dem großen Sandkasten. Lisa baute sofort mit ein paar anderen Kindern an einer großen Burg mit. Es wurde geschaufelt und gesiebt und gematscht, dass es eine Freude war. Lukas hatte sich mit ein paar anderen Jungs auf die nahe Fußballwiese verabschiedet.

Greta blinzelte in die Nachmittagssonne und genoss es, einfach nur dem Treiben zuzuschauen. Den Kindern machte die Sommerhitze anscheinend überhaupt nichts aus. „Tja, wenn man jung ist, dann kann man auch bei 30 Grad im Schatten noch herumtoben!“

Nanu, das war doch die Stimme von Opa. Greta sah sich um: Die Großeltern waren gekommen! Sie nahmen auch Platz auf der Bank. Auch sie freuten sich an den spielenden Kindern, bewunderten die Sandkuchen und die geschossenen Tore.

„Mama, mir ist so heiß, ich will ein Eis!" Jetzt wollte Lisa doch eine Abkühlung. Greta hatte schon auf der Zunge: „Hier gibt es kein Eis. Heute Abend kannst du einen Joghurt oder einen Pudding haben." Aber die Omi hatte vorgesorgt. Sie hatte in einer großen Tupperdose Melone mitgebracht, reife rote Wassermelonenstücke. Lisa jubelte. Auch Lukas kam angerannt. Alle bissen mit Vergnügen in das Obst, dass der Saft nur so tropfte. Lukas und der Opa versuchten, sich im Kerne-Weitspucken zu übertrumpfen.

Die Omi erzählte: „In Spanien gibt es den Spruch: Wie kann man für ein paar Pfennige seinen Durst löschen, den Hunger stillen und sich das Gesicht waschen?" „Ah, mit Wassermelone!" Lisa hatte es gleich erraten.

Was tun bei Hitze

„Kommt, wir machen kaltes Blut“, sagte die Omi zu ihren beiden Enkelkindern Lisa und Lukas. Die beiden Kinder saßen lustlos in der Küche herum. Es war einfach zu heiß, um irgendetwas zu spielen. Sogar zum Streiten waren sie zu matt.

„Was ist denn kaltes Blut?“, fragte Lukas. „Igitt, das will ich nicht“, meckerte Lisa. Die Omi lächelte nur. „Komm, Lukas, du bist mutig, oder?“ Immerhin, Lukas schlappte neben ihr her ins Badezimmer. Sie gingen zum Waschbecken. Omi sah, dass Lukas Turnschuhe anhatte – bei der Hitze! Warum zog er keine Sandalen an? Aber sie verkniff sich eine Bemerkung. Schließlich hat jede Generation ihre Mode, und Mode ist nun mal nicht immer gesund.

Lukas sah, wie die Omi den Kaltwasserhahn aufdrehte und das Wasser erst einmal eine ganze Weile lang laufen ließ. „Kaltes Blut, so hat mein Papa das früher genannt“, erinnerte sich die Omi. Immer wieder prüfte sie, ob das Wasser schon richtig kalt war. Nach einer Weile nickte sie und schob den Stöpsel in den Abfluss. Dann ließ sie das Waschbecken halbvoll laufen. Schließlich beugte sie sich über das Becken und legte die Unterarme ins kalte Wasser. „Das tut gut!“, rief sie.

Lukas machte es ihr gleich nach. Natürlich platschte er mit den Händen so fest im Wasser herum, dass sein Hemd sofort ganz nass war, aber das machte heute wirklich nichts. „Lisa, komm her, das Blut ist ganz durchsichtig!“, rief Lukas schelmisch.

Lisa war natürlich längst neugierig geworden und lautlos ins Badezimmer geschlichen. Als Lukas sie bemerkte, spritzte er sie gleich ein wenig nass. „Ist ja nur Wasser, ist ja gar kein Blut!“, rief Lisa. Omi holte für sie, die mit ihren Ärmchen noch nicht ins Waschbecken reichte, einen Schemel. So konnte sich auch Lisa abkühlen.

„Da will ich auch mitmachen!“ Karl, der Vater, war heimgekommen. Jetzt lagen vier Kinder-Unterarme und zwei Papa-Unterarme im Waschbecken, und fast das ganze Wasser war übergeschwappt. Dafür waren alle wieder fröhlich und munter. „Kaltes Blut tut so gut“, sang Lisa lauthals. „Viel besser als eine Klimaanlage“, bestätigte Karl. „Omi, kann man kaltes Blut auch mit den Füßen machen?“, fragte Lukas und zog dabei schon seine Turnschuhe aus.

Ein Balkon in der Luft

Heute war Sonntag, und die ganze Familie war einmal richtig faul. Es war ein sehr warmer Sommertag, und nach dem Mittagessen gingen alle in den Garten. Karl, der Vater, machte ein Nickerchen auf einem alten Liegestuhl, die Kinder spielten, und Greta hatte es sich unter dem Apfelbaum mit einem Buch bequem gemacht. Nach ein paar Seiten schlug sie das Buch zu. Sie schaute durch die Apfelbaumblätter in den Sommerhimmel.

Plötzlich kamen die Kinder angelaufen, Lukas und Lisa. „Mama, guck mal, da oben", rief Lisa voll Erstaunen. „Was ist da?", fragte Greta gähnend. „Ein Lufte…", Lisa suchte nach dem richtigen Wort, „ein Luftebong, nein … ein Lufterbalkon!" Lisa war ganz aufgeregt.

Und jetzt sah Greta es auch: einen riesengroßen orangefarbenen Heißluftballon. Sanft schwebte er durch das Himmelsblau. Lisa hatte die Hand der Mutter genommen. Sie blickten dem Ballon nach, der auf seinem Weg immer höher in die Luft stieg. „Ich will auch mal so fliegen", sagte Lukas ganz verträumt. „Und ich komme mit", fügte Lisa eifrig hinzu.

Das hörte Corinna, ein etwas altkluges Mädchen aus der Nachbarschaft: „Fliegen geht mit dem Flugzeug viel schneller", wusste sie. „Und es heißt nicht Lufterbalkon, sondern Heißluftballon." Damit hatte sie natürlich Recht. Aber „Lufterbalkon" statt „Heißluftballon" gefiel allen auch sehr gut!

Karl war inzwischen von seinem Mittagsschläfchen aufgewacht. Auch er schaute nach oben. „Den Heißluftballon haben zwei Brüder in Frankreich erfunden, die Brüder Montgolfier. Das war 1783“, erklärte er. „Damit hat die ganze Luftfahrt ihren Anfang genommen. Vorher gab es noch gar keine Flugzeuge und keine Hubschrauber.“ Er redete sich in Begeisterung hinein. „Da hast du in der Schule aber gut aufgepasst“, sagte Greta lächelnd. Die Kinder stellten sich vor, wie es wäre, mit so einem „Balkon“ durch die Luft zu gleiten. Wie klein dann von oben die Bäume und die Häuser aussehen würden – wie Spielzeuge!

Die Familie schaute so lange in den Himmel, bis der Ballon nur noch ein winzig kleiner orangefarbener Punkt am Himmel war. Und seit diesem Sonntag will Lukas unbedingt einmal Heißluftballon-Kapitän werden, wenn er groß ist.

Heimkehr

„Mama, wann sind wir endlich da?" Das fragte Lisa nun bestimmt zum zwanzigsten Mal. Die Familie war im Urlaub am Meer gewesen. Nun waren sie auf dem Heimweg. Nach einer langen Fahrt waren sie fast zu Hause angelangt. Die Kinder saßen auf den Rücksitzen im Auto. Sie waren schon ungeduldig geworden. Greta und Karl, die Eltern, waren eigentlich auch ungeduldig – aber Erwachsene beherrschen sich natürlich ein bisschen leichter.

„Papa, können wir nicht ein schnelleres Auto haben?", brummelte Lukas. „Im Stau nützt ein schnelleres Auto auch nichts. Wir sind ja bald da", sagte Greta. Sie ließ bei Lukas ein wenig die Fensterscheibe herunter. „Auf meiner Seite auch!", rief Lisa. Also ließ Greta auch auf Lisas Seite die Fensterscheibe herunter.

Greta erinnerte sich, dass sie als Kind mit ihrem Bruder die Fensterscheiben im Auto immer um die Wette heruntergekurbelt hatten. Bei den elektrischen Fensterhebern in den modernen Autos ging das natürlich nicht. Es dauerte aber nicht mehr lange, und sie kamen zu Hause an. Karl konnte vor der Haustür parken. Endlich aus dem heißen Auto raus!

Zu aller Überraschung war ihre Wohnung nicht leer, sondern die Großeltern waren da und hatten Kaffee und Kuchen vorbereitet! „Willkommen!", rief die Omi glücklich, als sie ihre Rasselbande sah. „Wie war es am Meer?" „Toll!", rief Lisa. „Ich kann schnorcheln", erzählte Lukas. „Dann stärkt euch erst mal mit dem Apfelkuchen, den ich gestern gebacken habe!", schlug die Omi vor.

Lukas holte schnell seine Flossen und seinen Schnorchel aus dem Auto. Er war mächtig stolz darauf. Lisa trug einen Wasserball. Beide Kinder plapperten auf die Großeltern ein. Sie hatten viel erlebt am Meer. Sie erzählten von Sandburgen, Sonne und Sardinen.

„Omi, ihr müsst aber auch mal in den Urlaub fahren", sagte Lisa, „es ist soo toll am Meer!" „Bestimmt ist es am Meer sehr schön", sagte die Omi lächelnd. Sie blickte zum Opa und erzählte: „Wir sind früher besonders gerne in die Berge gefahren. Aber heute brauchen wir keinen Urlaub mehr."

„Alles zu seiner Zeit", antwortete der Opa. „Mir ist es inzwischen im sonnigen Süden zu heiß. Ich freue mich mehr auf Herbstlaub als auf Urlaub! Uns geht es so wie den Ameisen in dem schönen Gedicht von Ringelnatz: *In Hamburg lebten zwei Ameisen, die wollten nach Australien reisen. Bei Altona auf der Chaussee, da taten ihnen die Beine weh. Und da verzichteten sie weise dann auf den letzten Teil der Reise.*"

Urlaubsfotos

„Opa, guck mal!" In der vergangenen Woche war die Familie aus dem Urlaub zurückgekommen. Die Kinder waren noch braungebrannt und begeistert von ihren Erlebnissen. Die Eltern schwärmten von der Meeresluft. Lukas saß auf der Eckbank in der Küche bei den Großeltern. Er hatte alle Muscheln, die er gesammelt hatte, auf dem Tisch ausgebreitet.

„Da warst du aber fleißig", lobte ihn der Opa. „Ja, und ich habe auch ganz viel fotografiert", sagte der Junge stolz. Er zog eine Kamera aus seinem Rucksack hervor, auf der man die Bilder auch gleich ansehen konnte. Der Opa kniff die Augen zusammen. „Das ist leider ein bisschen zu klein für meine Augen", sagte der Opa. In dem kleinen Feld hinten auf der Kamera waren die Bilder nur so groß wie auf einer Tablettenschachtel zu sehen. „Die mit dem Sonnenhütchen, das ist Lisa, oder?" „Ja, und auf dem nächsten Foto ist unsere allergrößte Sandburg drauf, die war wirklich riesig!" Lisa fügte hinzu: „Aber dann kam eine ganz große Welle und hat die ganze Sandburg verschluckt und aufgegessen ..." Omi und Opa konnten sich das Lachen nicht verkneifen.

„Kann man denn die Fotos, die du gemacht hast, auch mal größer sehen?" Lukas nickte: „Der Papa kann euch die Fotos auf dem Fernseher zeigen, dazu braucht man nur ein Kabel." „Wir haben unsere Fotos früher meistens in ein Fotoalbum eingeklebt, das war sehr praktisch", sagte die Omi. „Man kann es einfach aus dem Regal nehmen und braucht keinen Strom und kein Kabel." Sie ging ins Wohnzimmer und kam nach wenigen Augenblicken mit einem abgegriffenen alten Fotoalbum zurück.

„Das bist du?“, fragte Lukas erstaunt seinen Opa. Er deutete auf ein Bild, auf dem ein junger Mann mit Wanderstiefeln und Kniebundhosen zu sehen war. Lukas stellte fest, dass alle Bilder in dem Album schwarz-weiß waren. Manche hatten einen gezackten weißen Rand.

„Da waren wir in der Nähe vom Watzmann, das ist ein wilder Berg in den Berchtesgadener Alpen, das war toll!“, erzählte der Opa seinen Enkeln. Die Omi deutete auf das nächste Foto: „Ja, hier seht ihr den Watzmann und seine Kinder; den kleineren Berg da drüben nennt man auch die Watzmannfrau.“

„Das sind aber spitzige Berge“, bemerkte Lisa. „Meine Frau ist mir auch viel lieber als die Watzmannfrau“, sagte der Opa schmunzelnd und zeigte stolz auf ein weiteres Foto. Da war die Omi als junge Frau in einem feschen Dirndl drauf zu sehen.

Zwetschgen – und ihre Begleiterscheinung

Wie das duftete! Ein ganzes Blech Zwetschgenkuchen kühlte auf dem Küchentisch aus: Greta hatte heute Morgen fleißig gearbeitet. Die Nachbarin hatte ihr eine ganze Steige Pflaumen gebracht. Sie waren schon sehr reif.

Greta überlegte sich sofort, wie sie die Früchte verarbeiten sollte. Aus einem Teil machte sie Kompott, dann buk sie ein Blech „Zwetschgendatschi". Und ein paar Pflaumen verschwanden natürlich „unterwegs": Ihre kleine Tochter Lisa kam immer wieder in die Küche zum Naschen. Greta selbst schmeckten die Pflaumen, die sie sich zwischendurch in den Mund steckte, auch sehr gut.

Der Opa hatte Greta beim Entsteinen der Pflaumen geholfen. „Die Omi hat doch früher immer selber Dörrpflaumen gemacht. Weißt du, wie das geht?", fragte Greta ihren Vater. Der Opa schüttelte den Kopf: Mit Backen und Kochen kannte er sich nicht aus. „Da musst du sie selber fragen", gestand er. „Ich weiß aber noch, dass die Dörrpflaumen eigentlich mehrere Wochen halten sollten – und bei uns nie lange gehalten haben, weil sie so gut schmeckten!" Er erinnerte sich, dass die Omi die Dörrpflaumen oft mit Speck umwickelt und gebraten hatte. „Da läuft einem ja das Wasser im Mund zusammen!", rief Greta.

Der Opa erzählte: „Wir waren einmal im Urlaub in Südtirol in den Bergen. Da haben wir solche Speckpflaumen gegessen. Und die Omi hat sich von einer Bergbäuerin abgeguckt, wie man das macht." Bei dem Gedanken an diese leckere Spezialität geriet der Opa ins Schwärmen von den schönen Urlaubstagen damals.

Nachmittags wurde im Schrebergarten der Großeltern ein Kaffeetisch für die ganze Familie gedeckt. In der Mitte neben der Thermoskanne thronte das Blech mit dem Zwetschgenkuchen. Greta hatte sogar eine Dose Sprühsahne mitgebracht. Alle waren begeistert von dem Kuchen, auch zwei Kinder aus dem Nachbargarten, die zu ihnen herüberkamen.

Wer die Pflaumen und den Pflaumenkuchen ebenfalls sehr mochte, das waren die Wespen! „Ruhig bleiben, nicht danach schlagen!“, riet der Opa. „Vielleicht eine Bierfalle?“, schlug der Vater vor. Greta füllte ein Glas mit ein wenig Bier und stellt es auf die Seite. Sie hoffte, die Wespen würden dadurch angelockt und vom Kuchen abgelenkt. Die Nachbarin sagte: „Pfennigstücke auf dem Tisch verteilen, das hilft auch.“

„Das habe ich noch nie gehört.“ Greta holte gleich ein paar Kupfercents aus ihrem Geldbeutel. „Am besten den Kuchen vorsichtig, aber ratzeputz aufessen“, riet die Omi, „dann sind die Wespen bald weg!“

Die schönste Schultüte

Was für ein schöner Spätsommertag! Es ist nicht mehr so heiß, aber man braucht noch lange keine Mützen und keine Schals und keine Handschuhe. Bald werden die ersten Kastanien auf dem Gehsteig liegen!

Die kleine Lisa spielte im Garten. Dann beschäftigte sie sich mit einem großen Karton aus dem Schuppen. „Mama, das ist jetzt meine Schultüte!", rief sie strahlend. Was hatte sie da nur gefunden? Den großen Zauberhut, den ihr Bruder beim letzten Fasching getragen hatte! Er war blau und mit glänzenden Sternen verziert. Umgedreht sah der spitze Hut wie eine Schultüte aus. Greta musste schmunzeln. Sie weiß, dass Lisa so gern schon in die Schule gehen möchte, dabei ist ihre Tochter grade erst fünf Jahre alt.

„Du hast noch ein ganzes Jahr Zeit, Lisa", sagte Greta. Lisa runzelte heftig die Stirn. Greta dachte nach. „Ich habe eine Idee", sagte sie aufmunternd. „Morgen ist der erste Schultag nach den Sommerferien. Wir machen einen Spaziergang zu der Schule um die Ecke und gucken uns die Schultüten der Erstklässler an. Die Omi nehmen wir auch mit. Vielleicht möchte sie mit dir nächstes Jahr eine Schultüte basteln."

Lisa war begeistert. Und die Omi genauso. Jedes Jahr freute sie sich, die Erstklässler zu sehen und ihre bunten Schultüten. Manche tragen ihren Schulranzen ganz stolz. Andere sehen noch viel zu klein aus für die riesigen Schultaschen. Hoffentlich sind die Ranzen nicht zu schwer!

Die Omi sagte oft zu ihrem Mann: „Natürlich sehen die Schulkinder heute anders aus als früher. Sie sind ganz anders angezogen, viel bunter. Aber die Aufregung und die Neugier, die sind heute genauso groß wie früher …“

Und so spazierte Greta mit ihrer Mutter und ihrer kleinen Tochter an der Schule vorbei. Unter dem großen Kastanienbaum im Schulhof stand eine aufgeregte Schar: Erstklässler, Eltern, Lehrerinnen und der Schuldirektor mit seinem Bart. Der Omi gefiel eine orangefarbene Schultüte mit einem Scherenschnitt-Motiv am besten. Greta entdeckte eine Schultüte, auf der Max und Moritz abgebildet waren. „Lisa, welche Schultüte findest du am schönsten?“ „Ich möchte eine blaue haben, mit Sternen drauf“, sagte Lisa.

Vom Schuhekaufen

„Jedes Mal dasselbe.“ Greta seufzte insgeheim. Schuhekaufen mit den Kindern war immer eine Strapaze. Die Schuhverkäuferin bat Lukas, seinen großen Zeh zu heben. „Dann kann ich fühlen, ob du schon vorne anstößt.“ Lukas tat, wie ihm geheißen. „Aber mit denen kann man überhaupt nicht gescheit rennen“, beklagte er sich.

„Nach vorne ist viel Platz“, sagte die Verkäuferin bestimmt, und zu Greta sagte sie: „Da kann er noch reinwachsen, Kinderfüße wachsen ja so schnell. Sie wollen in dieser Saison ja sicher nicht noch mal Halbschuhe kaufen.“ Nein, das wollte Greta bestimmt nicht. Diejenigen, die Lukas gerade anprobierte, waren ohnehin die teuersten. Aber Lukas wollte keine Halbschuhe haben, sondern lieber Sportschuhe.

Und Lisa brachte ein Paar rosa Sandalen nach dem anderen zum Anprobieren. Dabei sollte auch sie heute Halbschuhe für den Herbst bekommen.

Zum Glück war die Omi mitgekommen in das Schuhgeschäft. „Früher gab es hier eine Rutschbahn für Kinder, vom Erdgeschoss ins Unterschoss“, fiel ihr ein, „kannst du dich noch erinnern, Greta?“ „Ja, ich habe auch immer Schuhe von diesem Schuhgeschäft bekommen.“ Greta erinnerte sich genau. „Und du warst auch nicht einfach“, schmunzelte die Omi. „Wenn dir die Schuhe nicht gefallen haben, hast du meistens behauptet, sie wären zu klein.“ Greta knurrte nur als Antwort.

„Es ist aber auch schwer mit Schuhen“, fand die Omi. „Eigentlich muss man sie erst einen Tag lang tragen, bevor man weiß, ob sie wirklich passen oder nicht. Je älter man wird, desto schlimmer wird das ...“ Sie schaute auf ihre Schuhe. Das war ein altes Paar Halbschuhe in Dunkelbraun mit einer Kreppsohle.

Lukas probierte noch ein anderes Paar an. Die gefielen ihm auch nicht. Die Omi flüsterte Greta zu: „Es hat keinen Sinn, den Kindern Schuhe zu kaufen, die sie partout nicht haben wollen. Das ist rausgeschmissenes Geld.“ „Mama, den will ich haben!“ Jetzt kam Lisa mit einem Damenschuh an! Er hatte einen hohen Absatz und vorn eine glitzernde Schuhspange. Greta sah ihn – und ihr Herz schlug ein bisschen höher. Wie für Aschenputtel zum Ball! Und genau ihre Größe! „Mama, du kannst ihn ja für dich kaufen!“, rief Lisa. „Da macht Ihre Tochter einen guten Vorschlag!“, sagte die Verkäuferin.

„Wir kommen lieber ein anderes Mal wieder“, antwortete Greta schnell, und sie verließen das Geschäft. Lukas war sehr erleichtert, dass er die Halbschuhe nicht hatte nehmen müssen!

Glückspilze

„Wenn Opa früher im Herbst morgens spazieren gegangen ist, habe ich für das Mittagessen zunächst nichts vorbereitet“, erzählte die Omi oft. „Er ist nämlich immer mit Pilzen nach Hause gekommen. Das konnte ich schon von Weitem sehen! Da hat er nämlich sein Taschentuch wie einen Einkaufsbeutel in der Hand getragen. Dann erst bin ich in die Küche gegangen und habe Zwiebeln angedünstet …“

Nach ein paar Regentagen schießen die Pilze, aber nur echte Pilzkenner kennen die besten Stellen; sie sind meist tief im Wald versteckt. „Ich will auch Pilze finden“, rief Lisa, als die Omi mal wieder von den frischen Steinpilzen schwärmte, die der Großvater früher so oft nach Hause gebracht hatte. Auch ihr Bruder, Lukas, bestürmte den Opa. „Ich weiß nicht, ob ich die Stellen heute noch wiederfinde …“ Der Opa zögerte zunächst.

„Doch! Bitte! Wir wollen Pilzsammler sein!“, rief Lisa. „Ihr müsst mir versprechen, niemandem von den Stellen zu erzählen“, sprach der Opa, „die sind sehr geheim.“ Da wollten die Kinder erst recht mit dem Opa auf Pilzsuche gehen. Sie waren ganz zappelig vor lauter Geheimnis. Die Omi suchte Opas altes Taschentuch heraus, und Lisa nahm ein kleines Körbchen mit.

Es war herrlich still im Wald an diesem Sonntagmorgen. Neugierig und glücklich ging Lisa an Opas Hand. Lukas rannte in alle Seitenwege, entdeckte aber immer nur Eichhörnchen, nie Pilze. Der Opa dagegen sah viele, und bald war Lisas Körbchen voll.

An einer Lichtung machten sie eine kleine Pause. Die Omi hatte den fleißigen Sammlern drei Äpfel mitgegeben. Die Kinder balancierten auf einem umgefallenen Baumstamm. Der Opa hieß sie an dieser Stelle warten und bog in einen ganz kleinen Waldweg ein. Nach kurzer Zeit kehrte er zurück mit seinem Schnupftuch in der Hand, das er wie gewöhnlich oben verknotet hatte.

Zu Hause erwarteten die Omi und auch die Eltern von Lisa und Lukas die Pilzesammler schon gespannt. Lisa stellte stolz das Körbchen auf den Küchentisch. Es duftete nach angebräunten Zwiebeln. „Jetzt werdet ihr alle staunen", sagte der Opa und knotete das Taschentuch auf. Was war darin? Eine Schildkröte! Da war die Verblüffung groß. „So was habe ich ja noch nie erlebt!", rief die Omi aus. „Ein verzauberter Pilz", kicherte Lukas. Lisa nahm ein Salatblatt, und die Schildkröte begann seelenruhig, große Bissen davon zu essen.

Erntedank

Der September ging jetzt auch schon zu Ende. Greta blickte ein bisschen wehmütig auf den kleinen Balkon. Vor zwei Wochen hatte sie für ihre Familie dort draußen noch einmal zum Abendessen gedeckt. Da war zwar wirklich nicht viel Platz. Aber alle liebten es, das Abendbrot an der frischen Luft zu essen. Jetzt war daran nicht mehr zu denken. Auch wurde es abends immer früher dunkel.

Wie schnell die Zeit vergeht, dachte Greta. Wieder ein Sommer, in dem die Kinder viel erlebt hatten und ein ordentliches Stück größer geworden waren.

Das Sonnenhütchen würde ihrer kleinen Tochter Lisa nächstes Jahr nicht mehr passen. Die Dose mit der Sonnencreme war fast leer. Den bunten Sonnenschirm würde Greta in den Keller packen. Bald würden auch die Eisgeschäfte schließen. Wie oft waren sie abends noch ein Eis essen gegangen! Eine Kugel Eis kostete mittlerweile dreimal so viel wie in ihrer Kindheit. Aber schmecken tat es noch genauso gut ... vor allem, wenn die Kinder, Lisa und Lukas, dabei waren. Lukas mochte am liebsten Schokoladen-Eis, Lisa Vanille und Aprikose.

Jetzt gab es Trauben auf dem Markt zu kaufen und Pfifferlinge, Äpfel und Birnen. Sogar Kürbisse hatte Greta an einem Stand schon gesehen. Die Marktstände waren jetzt besonders schön hergerichtet, denn es war die Zeit der Erntedank-Feste.

Birnen waren Gretas Lieblingsobst. Vielleicht deshalb, weil ihr immer das Gedicht vom *Herrn von Ribbeck auf Ribbeck im Havelland* einfiel? *Ein Birnbaum in seinem Garten stand …* Morgen würde sie die Omi fragen, wie das ganze Gedicht ging. Die Omi konnte viele Gedichte auswendig. Noch ein anderes Herbstgedicht fiel Greta „so halb" ein: *Herr, es ist Zeit. Der Sommer war sehr groß.* Die Omi kennt es sicher ganz, dachte Greta. Es ist von Rilke.

Sie selbst konnte jetzt nicht weiter über Gedichte nachdenken, sondern musste an das Abendessen denken. Tag für Tag mehrmals Essen für eine ganze Familie auf den Tisch bringen, das ist wirklich nicht immer leicht!

Heute werde ich ein Erntedank-Abendessen machen, beschloss Greta, und sie kochte eine Gemüsesuppe mit ganz vielen verschiedenen Gemüsesorten: Karotten, Lauch, Sellerie, Kohlrabi, Petersilienwurzel, Zwiebeln, Zucchini. Ihr Sohn Lukas mochte zwar kein Gemüse, aber Greta kannte ihre Pappenheimer! Sie pürierte alles und briet in einer Pfanne kleine Speckstückchen an. Die würde sie auf die leckere Suppe obendrauf legen. Als Lukas vom Spielplatz heimkam und fragte: „Was gibt es zum Abendessen?", sagte Greta: „Es gibt Specksuppe." Die Suppe schmeckte der ganzen Familie. Lukas aß vier Teller davon.

Rosen, Tulpen, Nelken …

„Omi, wenn ich in der ersten Klasse bin und ein Freundebuch habe, schreibst du mir dann auch was rein?“ Die kleine Lisa hatte es sich auf der Eckbank in Omis Küche gemütlich gemacht. Zwei Puppen und ein Teddybär saßen neben ihr. Die Omi schälte Kartoffeln. Sie fragte: „Was ist denn ein Freundebuch?“

„Da schreiben alle Freundinnen rein!“, antwortete Lisa ein bisschen hilflos. Wie konnte die Omi nicht wissen, was ein Freundebuch ist? Alle Mädchen, die sie kannte und die schon in die Schule gingen, hatten ein Freundebuch. „Man kann auch ein Foto von sich reinkleben oder was malen“, ergänzte Lisa nach einer Weile. Jetzt lächelte die Omi: „Ach so, früher haben wir dazu *Poesiealbum* gesagt!“ Die Omi konnte sehr schnell Kartoffeln schälen.

„Ja, und die Freundinnen schreiben rein, welche Lieblingsfarbe sie haben und welchen Lieblingssänger und welchen Lieblingsfilm. Aber das dürfen immer nur die besten Freundinnen!“ Lisa sprach mit viel Eifer über das Buch, während die Omi ihr geduldig zuhörte. Der Topf mit geschälten Kartoffeln war schon fast voll und das Sieb mit den ungeschälten bald leer.

„Klar schreibe ich dir auch was rein in dein Buch“, versicherte die Omi. „Aber vielleicht mache ich das dann lieber so, wie ich es früher getan habe – mit einem schönen Spruch.“ Die Omi warf Lisa einen fragenden Blick zu. „Oder darf man in dein Buch nur Lieblingssachen reinschreiben …?“

„Du darfst alles schreiben, Omi!“ Lisa gab der Omi einen Kuss. „Warte einen Augenblick.“ Die Omi wusch sich die Hände und verschwand kurz im Schlafzimmer. Nach ein paar Minuten kehrte sie mit einem Packpapier-Bündel wieder zurück. „Willst du mein altes Poesiealbum sehen? Das ist mehr als sechzig Jahre alt …“ Lisa schlug neugierig das Packpapier auseinander und nahm vorsichtig das alte Buch in die Hand. Die Seiten waren schon ganz vergilbt. „Lies mir vor!“, rief sie.

Die Omi blätterte eine Seite auf und las: „Willst Du glücklich sein im Leben, trage bei zu anderer Glück. Denn die Freude, die wir geben, kehrt ins eig’ne Herz zurück. Deine Tante Karin“. Lisa deutete auf die nächste Seite, und die Omi las: „Wenn du die Liebe hast, spielt es keine Rolle, ob du Kathedralen baust oder Kartoffeln schälst. (Dante) Dein Papa“. Die Omi lächelte. Lisa und alle ihre Puppen waren beeindruckt.

Gute Nacht, schlaf gut!

„Geh wieder ins Bett, Lukas!“ Eigentlich war es schon längst dunkel im Kinderzimmer. Greta hatte wie immer eine Geschichte vorgelesen. Mit Lisa hatte sie alle Stofftiere gezählt. Lukas hatte ihr noch mal erzählt, wie er heute im Fussballtraining ein Tor geschossen hatte. Dann war der Papa, Karl, zum Gute-Nacht-Sagen gekommen. Und dann hatten die Eltern das Licht ausgemacht und waren leise aus dem Zimmer gegangen. Die Türe hatten sie einen kleinen Spalt offen gelassen.

Meistens schliefen die Kinder schnell ein. Aber ausgerechnet heute, wo Greta selber so müde war, kam Lukas noch mal rausgelaufen. Greta war gerade beim Wäschezusammenlegen. „Mama, mein Tor heute war wirklich toll!“, sagte Lukas. „Ja, da wirst du bestimmt gut schlafen können“, sagte Greta. „Das Trikot darfst du aber nicht waschen, dann schieße ich nächste Woche wieder ein Tor!“ Greta musste sich das Lachen verbeißen. „Das verspreche ich dir“, sagte sie. „Aber jetzt geht’s wirklich ins Bett, es ist schon so spät. Und du bekommst ganz kalte Füße.“

Lukas tappte wieder in sein Bett, und Greta räumte den Wäscheständer weg. Sie selbst freute sich schon auf ihr Bett, der Tag war so anstrengend gewesen. Sie trug ein zusammengefaltetes Tischtuch ins Wohnzimmer, wo Karl vorm Fernseher saß. Noch bevor sie ihm sagen konnte, dass sie jetzt auch gleich ins Bett gehen würde, ging die Tür zum Kinderzimmer schon wieder auf. Lisa flüsterte: „Mama, ich hab noch so Durst.“ Greta seufzte: „Ich bringe dir ein Glas Wasser, aber dann ab ins Bett!“

Bevor Lisa sich dazu bewegen ließ, wieder ins Bett zu gehen, sollte der Teddy auch noch einen Schluck Wasser bekommen und auch die Lieblingspuppe. Allmählich wurde Greta ein bisschen ungeduldig. „Wenn die Kinder jetzt noch einmal aufstehen, musst du ein Machtwort sprechen!“, rief sie leise zu Karl ins Wohnzimmer. „Ich gehe jetzt nämlich schon mal Zähne putzen!“

Als Greta im Badezimmer fast fertig war, ging die Tür auf, und Lisa kam herein. Sie war ganz verstrubbelt. „Mama, durch den Schlitz im Vorhang scheint der Mond so hell rein“, quengelte sie. „Schluss jetzt, gute Nacht. Ich mache den Vorhang richtig zu, und dann ist aber Ruhe hier!“, sagte sie bestimmt. Mit empörten Schritten ging sie ins Wohnzimmer, um ihrem Mann „Gute Nacht“ zu sagen: Sie fand ihn auf dem Sofa, wo er bei laufendem Fernseher fest eingeschlafen war.

Flüsterpost

„Wie war der Kindergeburtstag?“ Die fünfjährige Lisa kam mit ihrem Papa, Karl, nach Hause. Lisa hatte noch ganz rote Backen. Sie hatte einen himmelblauen Luftballon in der Hand. Ein anderes Mädchen aus dem Kindergarten war heute fünf Jahre alt geworden. Ihre Eltern hatte Lisa und einige andere Kinder zu einem Spiele-Nachmittag eingeladen.

„Wir haben Topfschlagen gespielt! Und eine Schnitzeljagd gemacht!“ Greta fragte: „Und was gab es zu essen?“ „Schokoladensoße“, antwortete Lisa. Das konnte man sogar sehen … Lisas Kleid war ziemlich vollgekleckert. Das fand Greta nicht so schlimm, sie hatte ja eine Waschmaschine. Als sie selbst noch ein Kind war, musste man viel besser auf seine Sachen aufpassen als heute.

„Und war das alles zum Essen? Gab es nicht noch etwas zu der Schokoladensoße dazu?“, fragte Greta neugierig. „Ja, doch, es gab auch so runde Fleischdinger.“ Jetzt musste Greta lachen; Lisa meinte sicher Hackfleischbällchen, die in jeder Familie anders heißen: Fleischküchle, Bouletten, Fleischpflanzerl, Frikadellen … Wahrscheinlich hatte es erst Früchte mit Schokoladensauce und Kuchen gegeben und später etwas Herzhaftes. Greta ahnte, dass Lisa sich eher an die süßen Sachen gehalten hatte. Fleisch mochte sie nämlich nicht so gern. „Und waren die gut, die runden Fleischdinger?“

Lisa zog sich die Schuhe aus und wusch sich brav die Hände. „Mama, die hab ich nicht probiert. Ich weiß ja nie, ob da Knochen oder Gräten drin sind.“

Greta verkniff sich das Lachen. Kopfschüttelnd gab sie Lisa ein Handtuch. Diese Kinder! Nach dem Abendessen sagte Lisa: „Ich will noch mal Flüsterpost spielen, das war so schön heute!“ Das Spiel hatte sie beim Spiele-Nachmittag kennen gelernt. Greta begann. Sie flüsterte ihrem Mann Karl ins Ohr: „Schokoladensoße“; der verstand „Leopardendose“.

Bei Lisas Bruder, der der Letzte in der Reihe war, kam „Kosmonautenhose“ an. Darüber musste er so lachen, dass ihm der Bissen, den er noch im Mund hatte, fast zu den Ohren rauskam. „Also wird morgen auch das Tischtuch gewaschen“, dachte Greta. Sie spielten noch ein paar Runden dieses lustige Spiel. Alle hatten ihre Freude daran.

„Und jetzt ins Bett mit den Kindern!“, ordnete Greta um kurz nach acht Uhr an. Sie sah, dass die zwei vor lauter Müdigkeit immer alberner wurden. „Aber der Luftballon muss in meinem Zimmer schlafen“, sagte Lisa und gäääähnte.

Wie die Würstchen heißen

Einen großen Topf Kartoffelsuppe stellte Greta heute auf den Tisch. Es war nicht immer leicht, etwas zu kochen, das der ganzen Familie schmeckte. Lukas mochte kein Gemüse, Lisa mochte kein Fleisch. Bei Kartoffelsuppe wusste Greta: Die schmeckte allen, auch ihrem Mann. Mit den Kartoffeln zusammen hatte sie eine Karotte, ein kleines Restchen Sellerie und eine halbe Stange Lauch gekocht. Salz und Pfeffer durften nicht fehlen. Ganz am Schluss gab Greta noch ein Stückchen Butter hinein und rieb ein wenig Muskatnuss in den Topf. Das duftete!

Was für ihren Sohn Lukas an der Kartoffelsuppe die Hauptsache war: Es gab immer Würstchen dazu, Wiener Würstchen. Und die liebte Lukas über alles. Meistens aß er als Erstes die Würstchen. Dann wollte er noch mehr Würstchen haben, bevor er sich an die Suppe machte. Und meistens gab ihm seine kleine Schwester Lisa eines von ihren ab. Ihr reichte ein Würstchen.

Heute war die Suppe besonders gut gelungen. Gretas Mann Karl nahm sich schon zum dritten Mal davon. „Es ist lustig“, sagte Karl, „ich habe einen Kollegen bei der Arbeit, der kommt aus Wien. Das ist die Hauptstadt von Österreich. Er hat mir erzählt, dass die Wiener Würstchen in Wien gar nicht Wiener Würstchen genannt werden, sondern Frankfurter Würstchen!“ „Und die Leute in Frankfurt sagen Wiener Würstchen, so wie wir?“, wollte Lukas wissen. „Ja, so ist das!“, antwortete der Vater.

„Also in Wien werden die Würstchen Frankfurter Würstchen genannt, und in Frankfurt heißen sie Wiener Würstchen!“, stellte Greta fest. „Ja, keiner will ein Würstchen sein“, lachte Karl.

„Aber ich will Würstchen-Experte werden!“, rief Lukas mit vollem Mund. „Dann müssen wir mal nach Wien fahren und ausprobieren, ob die Frankfurter Würstchen dort so schmecken wie bei uns hier die Wiener Würstchen“, schlug Greta im Spaß vor. „Als Würstchen-Experte musst du auch wissen, dass die Würstchen in Stuttgart Saitenwürstle genannt werden. Die gibt dort es mit Spätzle und Linsen.“ Karl kannte sich wohl auch gut aus mit Würstchen.

„Mama, kann ich eine Tomate haben?“, fragte Lisa. „Und dann will ich ein Eis. Vanilleeis. Das heißt hoffentlich überall so. Aber ohne Senf!“

Allerheiligen, Allerseelen

„So viele schöne neue Blumenläden. Die habe ich ja noch nie gesehen!", rief die kleine Lisa beeindruckt. Rund um den Friedhof waren viele Blumenstände aufgebaut, und auch auf dem Parkplatz nebendran. Es leuchteten die Astern in der Herbstsonne, die Chrysanthemen, die Dahlien. Und es gab prächtige Gestecke mit Erika in Violett und in Weiß.

„Diese Stände sind nur zum ersten November aufgebaut worden", erklärte Greta ihrer kleinen Tochter. „Da besuchen viele Leute die Gräber ihrer Verwandten." Es war in der Tat schwierig, einen Parkplatz zu finden. „Da fährt gerade jemand raus!" bemerkte die Omi, die auf dem Beifahrersitz saß. Vorsichtig bog Greta ein. Ein Eichhörnchen war noch über den Weg gehuscht.

Sie stiegen aus dem Auto, und Greta holte eine Blumenschale aus dem Kofferraum. Die hatte sie gestern mit Herbst-Anemonen und Efeu bepflanzt. Lisa ging an der Hand zwischen ihrer Mama und ihrer Omi. „Machen wir Engele, Engele, flieg?", bat sie. „Oh, du bist mir schon zu schwer für Engele, Engele, flieg", seufzte die Omi. „Wen besuchen wir?", fragte Lisa.

Greta antwortete ihrem Töchterchen: „Wir besuchen meinen Onkel Friederich, das war der Bruder von der Omi, der ist vor sieben Jahren gestorben." „Dann hast du also auch einen großen Bruder gehabt, Omi, genau so wie ich?" Lisa war erstaunt.

Sie konnte sich nur schwer vorstellen, dass ihre Omi auch mal einen großen Bruder gehabt hatte, mit dem sie gespielt, sich gestritten und wieder versöhnt hatte. Genauso wenig, dass sie selber vielleicht einmal Kinder und Enkelkinder haben würde … „Ich will dann aber nur Mädchen“, überlegte sie laut. Dann fiel ihr ein, wie gerne sie mit ihrem Bruder zusammen Höhlen baute und wie er ihr neulich geholfen hatte, auf einen Baum zu klettern. „Ich will doch lieber alle, Buben und Mädchen.“

Es war ein sonniger Herbsttag. Einige Bäume hatten sogar noch ein paar goldene Blätter. Greta und die Omi sammelten Laub von Onkel Friederichs Grab auf. Dann stellten sie ihm die Blumenschale hin. „Ich bin froh, dass ich einen großen Bruder hatte“, sagte die Omi leise. „Ich auch“, flüsterte Lisa noch leiser.

Der Friedhof war nicht nur von Menschen gut besucht, sondern auch von Eichhörnchen. Sie waren ganz zahm. Mit einem schien Lisa sich anzufreunden. „Nächstes Mal nehme ich Nüsse mit, wenn wir wieder hierherkommen auf diesen Eichhörnchenhof.“

Rabimmel, Rabammel

„Natürlich kommen wir mit!“ Durch das Telefon konnte man Opas Stimme im ganzen Wohnzimmer hören! Greta hatte die Großeltern eingeladen, zum Laternenumzug mitzukommen. Die kleine Lisa hatte im Kindergarten eine bunte Laterne gebastelt. Sie war schon ganz aufgeregt: Heute sollte der große Umzug sein. Alle trafen sich am Kindergarten. Der Umzug sollte später in der Kirche münden.

Gut, dass der Opa an ein Feuerzeug gedacht hatte! Vorsichtig zündete er das Licht in Lisas Laterne an. Jetzt sah die Laterne erst richtig schön aus! Durch das Transparentpapier in Grün und Gelb schimmerte der Kerzenschein. Der Opa zeigte Lisa, wie sie die Laterne tragen musste, damit nichts zu brennen anfing. Die Kinder waren alle ganz bei der Sache. Die farbigen Laternen und die bunten Winteranoraks der Kinder leuchteten in der Dunkelheit. Alle waren warm angezogen, denn es war schon ein sehr kalter Abend. Der bunte Zug setzte sich in Bewegung, und die Kinder sangen aus voller Kehle: „Ich geh mit meiner Laterne und meine Laterne mit mir.“

Greta hatte für die ganze Familie hinterher ein Abendessen vorbereitet: Zur Feier des Tages gab es Martinsgans! „Darauf habe ich mich fast genauso gefreut wie auf den Laternenumzug“, gestand der Opa. Scherzhaft fragte er seine Enkelin Lisa: „Und welchen heiligen Rabimmel oder Rabummel habt ihr heute mit euren Laternen gefeiert?“ Lisa antwortete fast ein wenig vorwurfsvoll: „Aber Opa, das ist doch der Sankt Martin, der seinen Mantel geteilt hat!“

„Richtig“, sagte die Omi, „der hat es auch verdient, dass die Menschen immer wieder an ihn und seine gute Tat denken.“ Sie nahm noch ein bisschen vom Rotkraut. Dann überlegte sie: „Man kann einen Mantel teilen, aber auch Spielsachen oder Geld, Essen … und noch ganz viele andere Sachen, auch schöne Erlebnisse. Wir freuen uns zum Beispiel, dass ihr heute diesen schönen Abend mit uns teilt. Dass wir beim Laternenumzug dabei sein konnten, dass wir jetzt dieses gute Essen teilen …“

„Das hast du schön gesagt“, meinte Karl, Lisas Vater. „Ich teile mir mit dem Opa jetzt gerne den Rest Wein, der noch in unserer Flasche ist!“ Alle lachten. Karl schenkte die letzten Tropfen Rotwein ein. „Prost!“, sagte der Opa. „Es bleibt dabei: Geteiltes Leid ist halbes Leid, und geteilte Freude ist doppelte Freude.“

Als die Großeltern sich verabschiedeten, schenkte Lisa dem Opa ihre selbstgebastelte Laterne. Darüber hat er sich mindestens dreifach gefreut!

In der Apotheke

„So viele Tabletten!“, bemerkte Lisa. Die Fünfjährige war mit Greta, ihrer Mutter, in der Apotheke. Auf der Ladentheke stand als Dekoration ein riesengroßes Glas, vollgefüllt mit den verschiedensten Tabletten, Pillen und Dragees. Die Schloss-Apotheke war eine schöne alte Apotheke. Lisa mochte es immer, mit ihrer Mama hier etwas zu kaufen. Es gab einen Schrank mit hundert kleinen Schubladen. Lisa hätte am liebsten in jede hineingeschaut. Auch die Gläser mit Kräutern und Tees beeindruckten Lisa: Lindenblüten, Kamille, Thymian …

Greta besorgte heute das Herzmedikament für den Opa. Außerdem eine Salbe für die wehen Knie. „Darf es noch etwas sein?“, fragte die Apothekerin. „Ja, ich nehme noch Salbeitee mit, Lukas hustet zurzeit ein bisschen.“ Lukas war Lisas älterer Bruder. Ein älterer Herr betrat die Apotheke. Freundlich betrachtete er die kleine Lisa. „Ja, der Husten … Mit Salbeibonbons geht er bestimmt bald wieder weg, der Husten von deinem Bruder.“ Lisa nickte. Greta bezahlte.

„So ist es halt: Ohne Medizin dauert eine Erkältung sieben Tage und mit Medizin nur eine Woche“, scherzte der Herr. Lisa sah ihn erstaunt an. „Und du, du bist aber kerngesund, nicht wahr?“

Der Mann war wirklich sehr gesprächig, er hatte eine angenehme dunkle Stimme. Lisa nickte wieder. „Das Wichtigste sind Äpfel, du musst jeden Tag einen Apfel essen, das habe ich früher meinen Patienten immer gesagt. Esst Äpfel! In England sagen die Leute: *One apple a day keeps the doctor away.* Ein Apfel am Tag erspart den Doktor.“

Die Apothekerin freute sich sichtlich, den Herrn zu sehen: „Guten Tag, Herr Dr. Brockmann!“ Lisa und Greta erzählte sie, dass Dr. Brockmann früher gegenüber eine Praxis gehabt hatte und ein sehr beliebter Arzt war, der vielen Menschen geholfen hatte. „Ach“, sagte Dr. Brockmann bescheiden, „so viel kann man als Arzt ja gar nicht tun. Heilen manchmal, lindern oft, trösten immer.“

„Hast du den Leuten früher auch Spritzen gegeben?“, fragte Lisa neugierig. Seit ihrer Masern-Impfung war sie ganz stolz, dass sie keine Angst vor der Spritze hatte. „Ja, wenn es sein musste“, antwortete der nette Arzt. Er bezahlte seine Augentropfen und lüpfte den Hut. „Auf Wiedersehen, die Damen!“, verabschiedete er sich.

Im Gehen hielt er noch mal kurz inne: „Aber es bleibt allezeit dabei: Die beste Krankheit taugt doch nix.“ „Der war aber nett“, sagte Lisa und biss in einen Apfel, den Greta für sie dabeihatte.

Mensch, ärgere dich nicht

Igitt! Gestern war das Wetter ganz schlecht – es regnete so stark, dass man keinen Schritt vor die Haustür machen mochte. Und eigentlich war es den ganzen Tag nicht richtig hell geworden. Im November wird es sowieso schon früh dunkel.

Draußen zu spielen war für die Kinder nicht verlockend. Aber auf Hausaufgaben hatte Lukas auch keine Lust. Seine kleine Schwester Lisa hatte eine Landschaft für ihre Puppen aufgebaut. Lukas versuchte immer wieder, sie zu stören. Es dauerte nicht lange, da hörte ihre Mutter, Greta, die Kinder streiten. Greta runzelte die Stirn: Sie musste noch ein paar Erledigungen machen. Aber streitende Kinder ließ sie ungern allein.

Was für ein Glück, dass die Omi kam. Die Kinder liebten ihre Omi. „Omi, machst du mir gleich Pfannkuchen mit Speck?“, rief Lukas. „Die Omi soll aber erst mit mir mit den Puppen spielen!“, protestierte Lisa. Die Kinder fingen schon wieder an zu streiten. Die Omi lachte und schlug vor: „Wir machen lieber was zusammen. Ich möchte so gerne *Mensch, ärgere dich nicht* spielen. Weil ich mich heute so über das Wetter ärgere! Und dann backen wir Pfannkuchen. Und dann spielen wir mit den Puppen.“

Lukas baute schnell das Brettspiel auf. „Ich will die roten Männchen haben!“, rief er. „Die will ich aber auch!“, rief Lisa. „Wenn ihr euch weiter streitet, nehme ich die roten Männchen“, sagte die Omi.

Die Kinder hatten heute scheinbar Spaß am Streiten. Sie stritten auch darüber, wer anfangen durfte zu würfeln. Sie stritten, ob ein Wurf auch zählte, wenn der Würfel auf den Boden gefallen war. Und ob Lisa einen Zug, den sie schon gemacht hatte, noch mal zurücknehmen durfte. Und ob Lukas mit einer 6 ein Männchen von Lisa rausschmeißen durfte oder ob er damit ein neues Männchen aus dem Haus schicken musste.

„Wenn ihr so weiterstreitet, habe ich bald keine Lust mehr, mit euch zu spielen!", sprach die Omi. „Das Spiel heißt doch *Mensch, ärgere dich NICHT!*" Lukas antwortete prompt: „Nein, es heißt neuerdings *Omi, ärgere dich nicht!*" Alle mussten lachen. Zusammen erfanden sie noch viele lustige Namen für das Spiel. Lisa rief: „*Mensch, ich ärgere mich gar nicht!* So heißt das jetzt!"Dann wurden Pfannkuchen gebacken. Mit Speck. Über die ärgerte sich sowieso niemand.

Advent, Advent

Fehlte noch etwas? Greta kam mit einem großen Karton aus dem Keller herauf. Darin bewahrte sie immer den sogenannten „Weihnachtskram" auf. So nannte sie all die schönen Sachen, die jedes Jahr Vorfreude auf Weihnachten bedeuten: ein Gestell für den Adventskranz, ein Räuchermännchen, Kerzen, ein Nussknacker, Strohsterne. Die hatte ihre Tochter Lisa letztes Jahr im Kindergarten gebastelt.

In einer weiteren Schachtel befand sich die Krippe und, einzeln in Seidenpapier verpackt, die Krippenfiguren. Zwei Liederhefte mit Weihnachtsliedern waren auch dabei. Und eine rote Nikolausmütze! Mit der hatte Lukas, Gretas neunjähriger Sohn, letztes Jahr so viel Schabernack getrieben, dass Lisa nun leider auch nicht mehr an den Nikolaus glaubte.

Aber natürlich würden die Kinder trotzdem die Schuhe vor die Tür stellen, das war einfach eine schöne Tradition. Am Abend vorher würde Lisa sicher kaum ins Bett zu bringen sein vor lauter Neugierde. Das war jedes Jahr so.

Auf einem kleinen Schemel baute Greta jetzt die Krippe auf. Die Figuren waren noch von den Großeltern. Sie waren aus Holz geschnitzt und ganz abgegriffen. Bei Josef war der Stab abgebrochen, und der Esel hatte nur noch ein Ohr, aber was machte das schon. Das Jesuskind würde Greta erst am 24. Dezember in die Krippe hineinlegen. Das war jedes Jahr so.

Nächstes Wochenende würde sie Plätzchen backen. Schon das Einkaufen der Zutaten machte ihr Freude: Die Vanille- und Zimtstangen dufteten einfach herrlich! Jedes Jahr!

Heute bastelte die ganze Familie am Adventskranz: Ihr Mann Karl machte gerade, wie jedes Jahr, mit Lukas einen Spaziergang in den Wald. Nach einer Stunde kamen die beiden mit Tannenzweigen, getrockneten Beeren und Moos zurück. Das wurde alles auf dem Küchentisch ausgebreitet. Greta und Lisa steckten die frischen Zutaten aus dem Wald zu einem Adventskranz zusammen. Jedes Jahr durfte Lisa die Farbe der Kerzen auswählen. Vor zwei Jahren hatten sie dunkelrote Kerzen gehabt, letztes Jahr rosafarbene. „Lisa, was sollen wir dieses Jahr für Kerzen nehmen?“, fragte Greta ihre Tochter. „Bunte“, rief Lisa, „eine rote, eine gelbe, eine weiße und eine rosane!“

Als die Großeltern zum Tee kamen, stand ein prächtiger Kranz auf dem Tisch. Eine Kerze war schon angezündet. „Ach, wie schön! Im Advent gibt es so viel *jedes Jahr*. Das mag ich“, sagte die Omi.

Radio

Es knisterte und knackte geheimnisvoll – und obendrein hörte man die Musiksendung, die die Omi immer einstellte. Sie brachte gerade das Lied „O du fröhliche“, gesungen von einem Kinderchor. Das Knistern fand die kleine Lisa fast noch schöner.

Lisa liebte das alte Radio bei ihren Großeltern. Wenn man an dem großen Knopf drehte, knisterte und rauschte es erst recht, und zwischendurch hörte man verschiedene Sender. Wenn niemand sie beobachtete, drehte Lisa gerne an diesem Knopf. Die Omi wunderte sich später immer, warum sich ihr Sender verstellt hatte. Einmal rief sie: „Wer hat nur an unserem Volksempfänger gedreht?“ Lisa wusste nicht, was damit gemeint war. „So hat früher mein Papa manchmal sein Radio genannt“, erzählte ihr die Omi.

Das Radio bei Lisas Eltern sah dagegen ganz anders aus; viel langweiliger, fand Lisa. Es gab keinen Drehknopf zum Einstellen der Sender, sondern nur Tasten. Wenn man die eine Taste nur sachte berührte, konnte man auf einem kleinen Bildschirm Zahlen aufleuchten sehen, viele Zahlen nacheinander. Plötzlich stoppte der Zahlenfluss, und dann ertönte ein Sender.

Lisa fand die Methode mit dem Drehknopf viel schöner. Für die Lautstärke gab es auch einen Drehknopf. Omi und Opa drehten den Lautstärke-Knopf immer weit auf. Lisa drehte ihn lieber auf ganz leise und hielt ihr Ohr an den Lautsprecher. Dann drehte sie an dem Knopf für die Sendereinstellung. „So rauscht die Welt“, dachte sie und war fast ein bisschen aufgeregt dabei.

„Was wünscht ihr euch denn dieses Jahr zu Weihnachten?“, fragte Karl heute in die Runde. Die ganze Familie samt Großeltern saß beim Mittagessen. Bis zum Heiligen Abend waren es nur noch knapp zwei Wochen. Am Adventskranz brannten schon zwei Kerzen. Im ganzen Esszimmer duftete es nach frischen Tannenzweigen.

Die Kinder, Lisa und Lukas, hatten den Eltern längst ihre Wunschzettel geschrieben. Ein Geschenk für die Großeltern musste noch gefunden werden. „Wie wäre es denn mit einem neuen Radio?“, setzte Karl nach. „Für eure Küche. Das wäre doch längst fällig.“ Lukas rief gleich: „Ja, gute Idee, bei Omi und Opa steht nur so ein altes Ding!“ „Wie bitte?“, fragte der Opa.

Die Omi sagte vorsichtig: „Ich würde lieber unseren alten Radioapparat behalten, den bin ich gewöhnt.“ Und Lisa sprach in sehr strengem Ton: „Auf gar keinen Fall ein neues Radio für Omis Küche!“

Plätzchenbacken

„Dieses Mal ohne Kinder.“ Greta und ihre Mutter, die Omi, sahen sich an und dachten dasselbe. „Schade – aber auch mal sehr angenehm ...“ Heute war das weihnachtliche Plätzchenbacken dran. In den vergangenen Jahren waren stets Gretas Kinder dabei gewesen, Lukas und Lisa. Man kann sagen, sie hatten kräftig mitgemischt! Bei der Auswahl, was gebacken wird, und beim Teigkneten. Lisa liebte Spritzgebäck. Lukas mochte Vanillekipferln besonders gerne. Und alle beide wollten jedes Mal Ausstecher machen.

Greta und die Omi mussten dann immer achtgeben, dass es gerecht zuging: dass Lukas nicht mehr naschen durfte als Lisa. Dass beide gleich viele Plätzchen ausstechen durften. Und dass jeder mal Eischnee schlagen durfte.

Aber heute war die Weihnachtsfeier in Lukas’ Fußballverein. Karl, der Papa, würde mit Lukas hingehen und auch Lisa mitnehmen. So konnten sich Greta und die Omi in aller Ruhe den Plätzchen widmen. „Sollen wir nicht auch ein Lebkuchenhaus machen?“, schlug die Omi vor. Das war eine tolle Idee!

Die beiden Frauen hatten großen Spaß daran. Lebkuchen wurden zu Hauswänden. Zuckerguss wurde zu Schnee. Kokosraspeln wurden zu Schneeflocken. Ein paar Zimtstangen wurden zu Holzscheiten vor dem Haus. Zuletzt befestigte Greta ein wenig Watte auf dem Kamin des Häuschens, das sah aus wie Rauch. Die Omi stellte noch ein Teelicht ins Haus. Wie schön und gemütlich!

„Oh …!“ Lisa war sprachlos vor Begeisterung. Lukas wollte sofort ein Stück vom Zuckerguss abbrechen und essen. Und Karl wollte das Ganze als erstes fotografieren. „Ja, die Lebkuchenhäuser: Sie sind immer so schön, dass man sie gar nicht aufessen möchte“, sagte der Opa. Karl schlug vor: „Drei Tage anschauen, drei Tage aufessen – das ist doch eine gute Idee, oder?“ Da gaben ihm alle Recht.

„Dann greift erst mal tüchtig bei den Plätzchen zu“, meinte die Omi und schob Karl einen Teller mit frischem Gebäck hin. Er nahm eines der Ausstecherplätzchen und verzog sofort das Gesicht. Das Plätzchen war völlig versalzen! Greta und die Omi sahen sich an: Oje, vor lauter Begeisterung über das Lebkuchenhaus hatten sie bei den Ausstechern wohl einen Fehler gemacht ...

Karl lachte. „Da müssen Lisa und Lukas nächstes Mal wieder mitmachen und aufpassen!“ Der Opa sah belustigt die Omi an: „Wenn das Essen versalzen ist, sagt man: Der Koch ist verliebt. Das ist bei Plätzchen sicher auch so.“

Heiligabend

„Sti-hille Nacht, heilige Nacht …“ Die Omi sang mit voller Stimme. Den hohen Ton von „Aaaalles schläft …“ traf sie mühelos, und sie verzog dabei gar nicht das Gesicht.

Greta, die Mutter, sang das Lied etwas unkonzentriert mit. Dabei überlegte sie, wie sie verhindern könnte, dass sich die Kinder nach dem Singen sofort wieder ans Geschenke-Auspacken machten. Natürlich waren die Kinder gespannt und ungeduldig. Für sie waren die Päckchen das Wichtigste. Aber Greta fand, dass sie lernen sollten, sich ein wenig zu beherrschen.

Sie hatten eine kluge Reihenfolge verabredet: Erst durfte jeder ein Geschenk auspacken. Dann wurde gesungen und die Weihnachtsgeschichte gelesen. Dann wurde gegessen. Dann die weiteren Geschenke. Dann der Nachtisch. Bei der zweiten Strophe überlegte Greta auch noch, ob der Braten im Backofen rechtzeitig fertig sein würde.

„Gottes Sohn, o wie lacht …“ – Lukas fing an dieser Stelle natürlich an, Quatsch zu machen. Der Neunjährige stupste seine Schwester und sagte: „Heißt der wirklich Owi? Ich kenn einen, der heißt Owiwankinobi!“ Karl, der Vater, musste grinsen und schaute vorsichtshalber ganz konzentriert in sein Liederbuch. Er bewegte die Lippen ungefähr passend zum Text, aber so richtig singen tat er nicht. Er sah aus wie ein Fußball-Nationalspieler, der vor Beginn eines Länderspiels die Hymne einfach mitmurmelt.

Die kleine Lisa spielte Blockflöte zu dem familiären Chorgesang. Das Lied war eigentlich noch zu schwer für sie. Und nachdem ihr Bruder sie zum Lachen gebracht hatte, kicherte sie mehr in die Flöte hinein, als dass sie spielte.

Und der Großvater? Er brummte voller Inbrunst, aber in falschen Tönen: „Christ, der Retter ist da-a, Christ der Retter ist da." Bei dem zweiten „da" war er der Einzige, der den tiefen Ton wirklich kräftig singen konnte.

Geschafft. Das Lied war verklungen. „So ein schönes Lied!", rief die Omi. Es wurde ein wunderschöner Weihnachtsabend. Weil der Braten noch nicht fertig war, durften die Kinder die Geschenke gleich auspacken. Und weil sie dann sofort anfingen, mit den neuen Sachen zu spielen, blieb der Braten ein bisschen zu lange im Ofen und wurde etwas zäh.

Aber das machte keinem etwas aus. „Die Hauptsache ist ja das schöne Zusammensein", sagte der Opa. „Und das Stille-Nacht-Heilige-Nacht-Singen", sagte die Omi.

Auf ein gutes neues Jahr!

Greta gähnte herzhaft. „Am liebsten würde ich jetzt sofort schlafen gehen", dachte sie. Aber es war erst Nachmittag. Und ihre Schwester war mit ihrer Familie zu Besuch gekommen. Die fröhlichen Besucher würden zwei Tage bleiben. Heute Abend würden alle zusammen Silvester feiern. Greta und ihre Schwester bereiteten ein Fondue vor. Greta schnitt das Fleisch in kleine Würfel, ihre Schwester rührte verschiedene Soßen.

Jetzt sah Greta, dass auch ihre Schwester gähnte. „Diese vielen Feiertage bringen einen ganz durcheinander", sagte sie. „Ja", gab Greta ihr Recht, „und ausgerechnet an Silvester, wenn alle bis Mitternacht aufbleiben wollen, bin ich oft besonders müde."

Ihre Schwester kicherte: „Den Kindern ist es immer am allerwichtigsten, dass sie aufbleiben dürfen. Wir können ja heute Abend heimlich die Uhr vorstellen und schon um 22 Uhr Silvester feiern." Greta schüttelte lachend den Kopf. Eine lustige Idee, aber dafür war Lukas zu groß. Er war ja schon ein Schulkind und kannte sich mit der Uhrzeit aus.

Aus dem Wohnzimmer konnten sie die Kinder lärmen hören: Sie spielten mit der neuen Carrera-Autorennbahn, die Lukas zu Weihnachten bekommen hatte. Die war sein ganzer Stolz. Auch Gretas Mann Karl und ihr Schwager saßen auf dem Boden bei den Kindern und wetteiferten begeistert mit. „Wir müssen noch die Betten für unsere Besucher beziehen", rief Greta Karl zu, aber der hörte sie gar nicht.

Das Kinderzimmer war für die beiden Nächte ein Matratzenlager geworden. Nachdem Greta und ihre Schwester vier Bettdecken und vier Kissen mit frischer Wäsche überzogen hatten, sahen sie sich verschwörerisch an: Jetzt war Gelegenheit für einen kleinen Mittagsschlaf …

Der dauerte nicht lange, denn nach zwanzig Minuten kam Lukas triumphierend angerannt: „Mama, ich hab den Papa besiegt! Mein Auto war schneller! Seines ist in der Kurve rausgeflogen!"

Erfrischt fühlte sich Greta trotzdem. Und so genossen sie und ihre Schwester umso mehr den schönen Silvesterabend: mit Fondue, Bleigießen und Feuerwerk-Anschauen. Um Mitternacht bekamen die Erwachsenen alle ein Glas Sekt. Und Opa zitierte den berühmten Ausspruch von Erich Kästner: *„Wird's besser? Wird's schlimmer?, fragt man alljährlich. Seien wir ehrlich: Leben ist immer lebensgefährlich."* Prosit Neujahr!

Noch mehr Plaudergeschichten

Karin Biela
Essen ist fertig!
Plaudergeschichten rund um Herd & Heim
€ 14,95
ISBN 978-3-944360-67-6

Auch der zweite Band der Plaudergeschichten-Buchreihe ist randvoll mit Erinnerungen an schöne Momente, die jeder kennt: schließlich dreht sich hier alles um Kochen und Essen. Und natürlich auch um die Liebe, die durch den Magen geht!

Die kurzen Geschichten von den Großeltern Marion und Ludwig sind mitten aus dem Alltag gegriffen. Augenzwinkernd und mit Charme erzählen sie viele Begebenheiten, die zum Plaudern einladen und jeden Leser im Handumdrehen an ähnliche Erlebnisse erinnern.